書くことについて

野口悠紀雄

JN054008

角川新書

はじめに――誰もが本を書ける

苦労の連続だが「この上なく楽しい」作業

私は、2019年には書籍を9点刊行しました。そして、現在ウエブ連載を5本書いています（うち4本は毎週、1本は隔週）。これは、ずいぶん大変な作業だとお考えの方が多いでしょう。

しかし、決して大変ではありません。

本書で提案する方式を用いれば、どんな人でも（つまり文章を書く才能に恵まれていると自覚しない人でも）、この程度の分量の文章を書くことができます。

本書で紹介するのは、私自身が行なっていることの説明です。

このシステムは、きわめて有効に機能しています。この方法に従えば、確実に、記事や書籍を書くことができます。

「あまり苦労せずに書ける」といいたいところですが、実際には、作業は苦労の連続です。

「大変な作業ではない」といったのに「苦労の連続」というのは、矛盾していると思われるかもしれません。しかし、矛盾ではありません。なぜなら、本書が提案している方法に従えば、苦労はあるけれども、間違いなく成果を得ることができるからです。それが重要な点です。

もう1つ重要なことは、本を書く作業が楽しいものになることです。「文章を書く作業は苦労の連続だ」といったのに「楽しい」とは、ずいぶん混乱していると思われるかもしれません。しかし、決してそうではないのです。

自分の考えが1つの体系にまとめ上げられていくのを体験するのは、とても楽しいものです。さらに、それが書籍などの形で公開されて、多くの人々の目に触れるだろうと考えると、もっと楽しくなります。

ここで述べているのは、昔から多くの人が無意識的に行なってきたことです。それをIT（情報通信技術）、とくにクラウド技術の助けを借り、また、音声認識というAI（人工知能）の力を用いて行なう仕組みに組み上げていることがポイントです。

この仕組みの本質は、多くの人がこれまでやってきたことです。それを新しい技術の助けを借りて明示的な仕組みとすることによって、「アイディア製造工場」といってもよいようなシステムを作ることが可能になるのです。

これによって、魔法のように本を書き上げることができるようになりました。

これまでの文章読本には「最も重要な点」が抜けていた

これまで多くの「文章読本」が書かれてきました。本書がそれらと違うのは、「テーマをいかにして探し出すか？」、「アイディアを逃さずに保存するにはどうしたらよいか？」、「それらを組み上げていくには、どのようにするか？」といった作業を重視していることです。そして、それらについて、具体的な仕組みを提案していることです。

多くの文章読本は、文章をいかに正しく、読みやすく、印象に残るように書くかを論じています。これらは重要なことです。実際、本書でも第6章でこれを論じています。

しかし、こうした注意は、何もないところから始めて文章を書き上げていくためのアドバイスではありません。これは、文章が目の前にあり、それを改良する場合の注意です。こうした注意に従うだけでは、そもそも最初の文章ができません。

編集者や校閲者の立場からすると、それでもよいでしょう。しかし、著者の立場からすると、もちろんこれでは不十分なのです。

何もないところに文章を書くには、まず書くテーマを見いだす必要があります。そして、それに関して浮かんでくるアイディアを逃さずに捉《とら》え、それを成長させていくことが必要です。

ところが、多くの文章読本は、こうした点について親切なアドバイスはしてくれません。

「一番重要な点が抜けている」といわざるをえないのです。

これまでの文章読本は、文章のスタイルに重きを置きすぎました。しかし、何よりもまず、中身が必要なのです。本書では、これを「アイディア」という言葉で表現しています。これこそが重要なのであり、文章のスタイルや表現方法はその後の問題です。

「創作ノート」の現代版を作る

本書が提案する「アイディア製造工場」は、作家の創作ノートのようなものです。

これまで多くの作家が「創作ノート」というものを作ってきました。いまでは、最新の情報技術を用いて、強力な「創作ノート」を作ることができます。

これまでは頭の中だけでやっていた操作を、かなりの程度、PC（パソコン）やスマートフォンでの操作として行なうことが可能になっています。まさに、工場と呼んでも大袈裟《おおげさ》ではない状況になってきているのです。「植物工場」というものはすでにあるのですから、「アイディア製造工場」があっても、少しもおかしくありません。

外から入ってくる情報や、頭の中で生まれるアイディアをうまく保存し、整理し、関連付けて新しい体系を作り上げ、書籍・論文などに仕上げていく。これが、アイディア製造工場の目的です。

まずテーマを探し出します。さまざまなことが頭に浮かんでくるでしょうが、そのうち何が考察に値するものかを判断する必要があります。これが、本書の第2章で述べていることです。

テーマが決まったら、それに関連するデータや資料を集めます。それと並行してさまざまなアイディアをうまく捉えそれを整理していく仕組みを作ります。これが、第3章と第4章で述べていることです。そしてそれらを組み上げていきます。これが第5章で述べていることです。さらに文章を推敲《すいこう》し、分かりやすく力強いものになるようにします。これが第6章の内容です。

第7章と第8章では、こうした作業を支えるための環境作りについて述べています。

主要な内容は3つ

本書の主要な内容は、つぎの3つです。

（1）クリエイティング・バイ・ドゥーイング

「とにかく始める」のが重要なので、そのための仕組みを提案します（第2章の2）

（2）アイディア農場
アイディアを迷子にせず、育てるための仕組みを提案します（第4章の2）

（3）多層構造で本を書く
アイディアの基礎単位を積み上げて書籍にします（第5章）

これらによって何ができるのか、これまでの仕事のやり方に比べてどこが優れているのかについて、各章で述べています。

本を書くのは特殊な人の仕事ではない

本書で提案している方法は、広い応用範囲を持つものです。したがって、本を書くこと以外にも使えます。

例えば、会社で新しい事業計画を考える場合に利用可能でしょう。会議のための報告書の作成にも有用です。議事録を作るのにも役立ちます。

上司から与えられていた問題に対しての解決アイディアや、会議で行なう予定のプレゼンテーションのメモなどは、多くのビジネスパーソンが日常的に作成していることでしょう。そうした作業に対しても、本書の方法論は役に立ちます。

また、本を書くのは、「著述業」とか「作家」と呼ばれる一部の人たちだけが行なうことではありません。もっと多くの人が本を書くべきです。

自分史を書くのもよいでしょう。あるいは、家族史を書いたらどうでしょう？　ウエブに文章を発表するのは、いまではきわめて容易になっています。こうした機会をぜひ活用すべきです。

学ぶための最強の方法は「本を書く」こと

学ぶための最強の方法は、人に教えることです。とくに、独学の場合がそうです。

勉強している人であれば、「本を書く」のは、勉強を進めるための手段だと考えてください。これは、『「超」独学法』（ＫＡＤＯＫＡＷＡ、２０１８年、第6章の5）で述べたことです。

いまでは、教えるために、教壇に立つ必要はありません。自分で本を書けばよいのです。

具体的には、ブログに「○○講座」といったページを作るのがよいでしょう。例えば、公認会計士の試験を受けるために会計学を勉強しているのであれば、簿記講座を作ります。

これは、人に教えるという形式をとっていますが、実際のところは、自分が勉強するための手段です。

本書の刊行にあたっては、企画の段階から、株式会社ＫＡＤＯＫＡＷＡの伊藤直樹《いとうなおき》氏にお世話になりました。また、大川朋子《おおかわともこ》氏、黒田剛《くろだごう》氏にお世話になりました。何回ものブレインストーミングを通じて、大変有益なアドバイスと示唆をいただきました。ブレインストーミングには、note の玉置敬大《たまおきたかひろ》氏にもご参加いただき、アドバイスをいただきました。これらの方々に御礼申し上げます。

本書の第7章で述べているブレインストーミングは、この方々との実際のブレインストーミングの経験を紹介したものです。

２０２０年10月

野口悠紀雄

目次

第5章　アイディア製造工場：アイディアを組み立てる　133

第6章　分かりやすく正確に力強く伝える　161

第8章　「外部脳」を活用して脳を解放する　237

図

図版　エヴリ・シンク

第1章　文章を書くための仕組みを作る

自分の考えを系統立った文章として書くのは、容易なことではありません。

学校でもそのための教育は行なっていません。文章読本に書いてあるのは、正しい文章を書くための注意であり、書くべき内容をどのように見いだし、どのように構成していくかの方法ではありません。

本書が主として述べているのは、後者のための具体的なアドバイスです。そして、それを実行していくための仕組みを提案します。

1. 文章を書く教育はなされていない

「文章を書く」とはどういうことか?

本書は、文章を書こうと考えている方々のためのガイドブックです。

文章を書いて自分の考えを他の人々に伝えるとは、どういうことなのでしょうか？　なぜいまの時代にも、その方法を学ぶ必要があるのでしょうか？

本書で、「文章を書く」というのは、手紙で近況を伝えることではありません。また、日記をつけることでもありません。

考えを伝える。意見を言う。主張を述べることです。つまり、論述文が本書の対象です。ツイッターのように１４０字では、まとまった考えを伝えることはできません。まとまった考えを伝えるには、最低限でも、一定の構造を持った１５００字程度の文章を書く必要があります（これについての詳しい説明は、第5章で行ないます）。

これは、訓練をしないとできないことです。

手紙を書いたり日記をつけたり、ツイートをするために、特別の訓練は必要ありません。しばしば、「手紙の書き方」といった指南書があるのですが、私は、こうした指南書は不要だと思います。

しかし、まとまった考えを述べるためには、訓練が必要です。そして、適切な仕組みを作る必要があります。

「読む」教育だけで「書く」教育はない

右に規定した意味での「文章」を書くための教育は、学校教育でなされていません。正確にいえば、満足のいく形ではなされていません。

「読み・書き・算盤《そろばん》」というのですが、「書き」でなされているのは、文字を教えることが中心です。

「文章を読むための教育」はなされています。文字を学び、教科書を読み、内容を正確に理解しているかどうかをテストされます。

また、「作文」というものもあります。しかし、これは、日記や手紙のような文章しか対象にしていません。まとまった考えを伝えるのは、「何でも自由に書いてよい」ということではないのです。

最近では、「プログラミングの教育が必要だ」といわれます。これには、賛成です。また英作文の教育も必要だと思います。しかし、その前に、日本語で文章を書く教育が必要です。

この教育は、実は大変難しいことなのです。本当は個人教育が必要なのですが、学校で一人一人の学生を相手に教育するのは不可能といってよいでしょう。

文章の添削というサービスはありますが、そこで直してくれるのは、言葉遣いなどです。「この内容では面白くない」という類《たぐい》の添削が必要なのですが、そうした添削サービスを求めるのは、難しいことです。これは、自分でやるしかないことです（ただし、第7章で述べるブレインストーミングは、この目的のために有効です）。

これまでの文章読本とどこが違うか

「文章を書く約束をしてしまったが、どうしたらよいか？」と困っている人は決して少なくありません。本書は、そうした方々の要請に応えることを目的としています。

この目的のために、昔から「文章読本」というものが書かれてきました。しかし、これまでの文章読本は、書く内容があって、それを正しい表現で書くための指南書でした。実際に重要なのは、まず、書く内容を見いだすことです。

本当は、「これを伝えたくてしようがない」ということがあって、文章を書くのですが、実際にはそれが逆になっていることが多いのです。つまり、「文章を書く必要があるが、何について書いたらよいのか分からない」という場合が多いのです。

したがって、まず重要なのは、メッセージ、主張、考え、要求、指摘、発見などをどのようにして見いだすか、ということです。そして、アイディアを成長させ、それを組み上げていくことです。

本書はそうした要請に応えることに重点を置いています。

そのためには仕掛けが必要です。本書は、そのような仕掛けを提案します。

2. 文章が自動的にできるわけではないが「手続きに従えば」書ける

「魔法のような」方法の提案

文章を書くための仕組みとして本書で提案している主要な方法は、つぎの3つです。

（1）クリエイティング・バイ・ドゥーイング
これは、「とにかく仕事を始める。そのための仕組みを整える」ということです。これについて、第2章の2で述べています。

（2）3層構造のアイディア農場
思いついたアイディアをすぐに捉《とら》えて、迷子にしない仕組みを作る必要があります。
これについて、第4章の2で述べています。

（3）多層構造で本を書いていく

図1-1　アイディア製造工場の仕組み

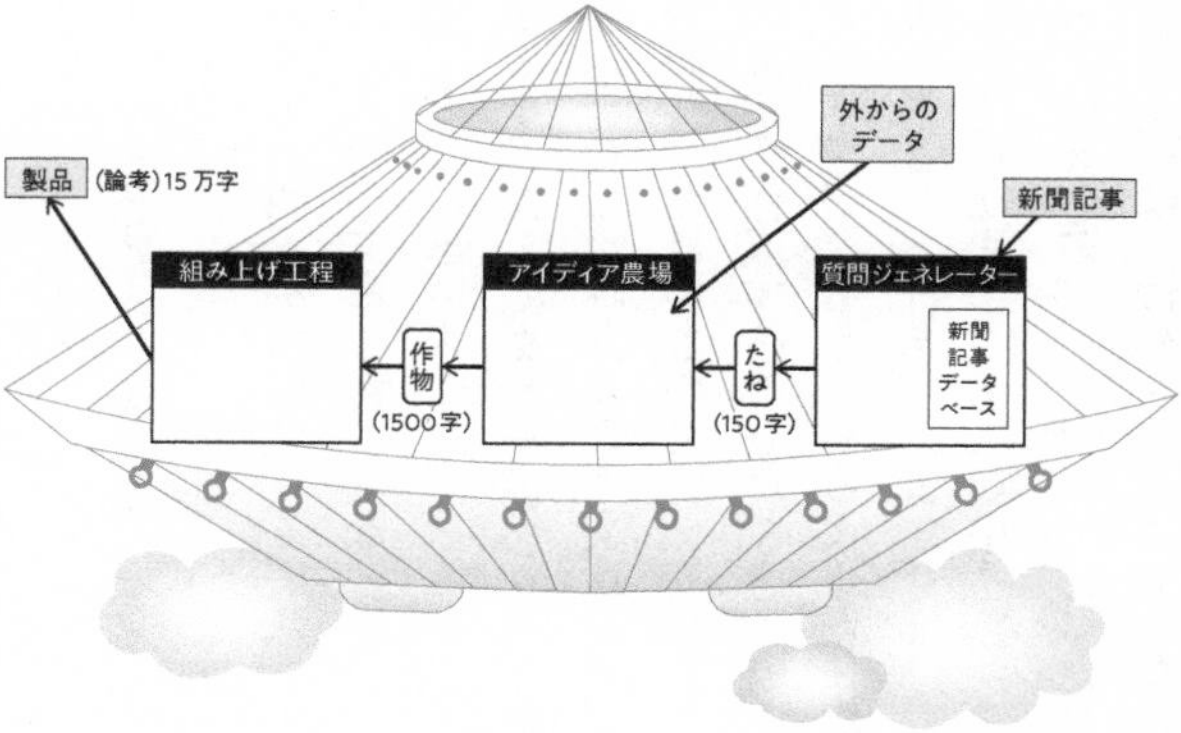

1500字程度のブロックを100個積み上げて、15万字の構造にする。なお、「ブロック」という言葉の意味は、第5章で説明します。

これらのどれもが、これまでどこでも提案されていない新しい方法です。そして、きわめて強力です。「魔法のような方法」だといっても過言ではありません。

以上の仕組みが「アイディア製造工場」です。その詳細をこれからの章で説明していきますが、全体の見取り図をあらかじめ示しておくと、図1-1のようになります。

AIに文章を書かせるのとは違う

ここで提案しているのは、文章作成を自動化しようという試みでしょうか？

そうではありません。

AI（人工知能）で文章を書こうとする試みは、すでに行なわれています。新聞記事などでは、すでに一部実用化されています。AIに広告の文言を作成させようとする試みもなされています。個人が利用できる文章サービスも、ウエブに登場しています。

では、人間が文章を書こうなどと努力する必要は、なくなりつつあるのでしょうか？

私は、そうは思いません。

なぜなら、AIに文章を書かせる仕組みは、「創造」とは言い難いものだからです。それは、これまで書かれた多数の文章をコンピュータが覚え込み、その一部分ずつを切り抜いて、組み合わせるだけのものです。素《もと》になる文章は、人間が書いたものです。それがなければ、AIが文章を作成することはできません。

将来、本書が提案しているような仕組みをAIが実行するようになり、個人でも利用できる時代が来ることはありえます。

しかし、その場合においても、第2章で述べている「テーマの発見」や、第4章、第5章で述べている過程（アイディアの「たね」を育て、書籍という体系的な論考にまとめていくこと）をAIだけで行なうことはできないでしょう。これらの過程における人間の役割の重要性は、かえって増すでしょう。

人間が考えることが必要であり、それこそが最も重要なことなのです。

化合物を作るのと同じように文章を作れる

ウエブには、自動文章作成アプリがすでに現れています。テーマをキーワードの形で与えると、文章を書いてくれるというものです（もっとも、現在のところ、ほとんど実用になりません）。

本書で提案する仕組みは、これらの方法とは違います。

本書が提案する方法に従っても、実際の作業には大変苦労するでしょう。「テーマは見つからないし、見つかったとしてもどう組み合わせればよいのか分からないし……」という状況になるでしょう。

テーマが見つかった後も、文章が自動的にできあがっていくわけではありません。執筆と編集の過程で、大いに苦労するでしょう。

しかし、この仕掛けに従って作業すれば、必ず一定の成果が得られます。

化学の実験で、原料を決められた分量だけ混ぜ、決められた時間、決められた温度で熱すれば、必ず化合物ができます。それと同じように、成果が得られるのです。

これらによって何ができるのか、これまでの仕事のやり方に比べてどこが優れているのか、そうした点について、以下の各章で述べていくことにします。

本書のアドバイスは、「アドホックに、そのときどきによってマチマチの方法で進める」のではなくて、「考えを進める仕組みを作っておく」ということです。ここで提案する手続きに従っていれば、必ず結果が出てくるような、そのような手続きの仕組みを作るのです。

それに、この方法で仕事を進めれば、文章を書く作業が、この上なく楽しいものになるでしょう。

3．私が現在の仕組みにたどり着くまで

テキストエディタで文章を作成してきた

私自身がこれまでどのようにして文章を書いてきたかを紹介したいと思います。

私は、1980年代、NECのPC－9801というPCで「松《まつ》」というワープロソフトが使えるようになって以来、文書作成をデジタル化していました。

その後、MS－DOSの時代になり、さらにはウィンドウズの時代になって、「松」が使

えなくなったため、文書作成・編集のソフトを、テキストエディタに切り替えました。「テキストエディタ」とは、文章を書くことに特化したＰＣ用のソフトです。秀丸《ひでまる》エディタやＷＺエディタを使ってきました。

いま、文章作成のために多くの人が使っているのは、「ワード」というソフトです。なぜ私がワードを使わずにエディタを使っていたかというと、機能が大変優れているからです。具体的には、ジャンプ、一括置換、バックグラウンドの色の選択、１行の字数の変更、それに合わせた文字数の計算、などができるからです。私がワードを使わないのは、こうした機能が使えないからです。

グーグルドキュメントを使いだす

スマートフォンを用いて音声入力ができるようになったとき、早速これを使いました。そして、音声入力した結果を記録するために、グーグルドキュメントを使うようになりました。この間の事情は、『究極の文章法』（講談社、２０１６年）で述べたとおりです。

「アイディアが浮かんだら、まず最初に、グーグルドキュメントに音声入力で記録する」という方式は、大変大きな成果を挙げました。

ただし、それを文章にまとめていく作業は、依然としてエディタを用いていました。グーグルドキュメントは、入力した文章を編集するには、あまり便利ではないからです。とりわけ、その編集機能は、ワードと同じように貧弱です。この事情は、現在に至るまで変わりません。

しかし、グーグルドキュメントは、文書やファイルを管理するためにはきわめて強力です。このため、私はあるとき、グーグルドキュメントを文書ファイルの保存場所とし、そこにある文書を正本とする方式に転換しました。

そして、簡単な編集作業は、グーグルドキュメントで行ない、ある程度の量の編集を行なう際には、それをPCのファイルにコピーし、PCのテキストエディタで編集することとしたのです。その結果は、再びグーグルドキュメントにコピーします。

PCにも記録を残しますが、これは予備用のものです。

こうした利用法をするのは、グーグルドキュメントに保存しておけば、どんな端末からもアクセスできるからです。PCに記録したものは、そのPCによってしか開くことができません。

グーグルドキュメントでは、コメントをつけたり文章を共有したりすることもできます。入力は、キーボードからだけでなく、音声入力でもできます。

これによって、エディタだけで文章を書くのとは格段に異なる文章の書き方ができます。

4.「多層ファイリング」の提案

目的のファイルをどのように見いだすか?

グーグルドキュメントを基本的なアーカイブ（文書保管庫）にした場合、目的のファイルをどのようにして見いだすことができるでしょうか？

ファイルの総数が少ないうちは、「ファイル一覧」のページを開いて、そこに列挙されているファイル名を頼りにして見いだすことができます。

私も、グーグルドキュメントを音声認識の記録用に用いていた頃には、そのようにしていました。ただし、ファイルの数が多くなってくると、この方法では、目的のファイルを見いだすことが困難になります。

そこで、ファイル総数を増やさないために、「完成したファイルはPCで保管し、グーグルドキュメントからは削除する」ことにしていました。

その後、前述のように、グーグルドキュメントを基本的な文書保管庫にすることに転換しました。これは、目的の文書をシステマティックに見いだすことができる仕組みが構築できたからです。

グーグルドキュメントは「グーグルドライブ」という仕組みで管理されており、グーグルドライブには「フォルダ」という仕組みがあります。これを用いると、ウィンドウズの場合に「エクスプローラー」で開かれる「PC（旧マイコンピュータ）」と同じようにフォルダを分類していくことができます。ただし、この仕組みはあまり使い勝手がよくありません。そこで別の仕組みを考案する必要があります。

メタキーワードを用いた検索

最初のうち行なっていたのは、検索によって目的のファイルを見いだす方法です。ファイルの中に入っていると考えられるキーワードを用いて検索していたのですが、その後、「メタキーワード」というアイディアを思いつき、これを併用して検索するようになりました。

例えばアイディアに関するファイルであれば、「ああああ」というキーワード（これを「メタキーワード」と呼びます）をファイルに書き込んでおきます。そして、これと文章中のキーワードを組み合わせることによって検索するのです。

「ああああ」というのは通常の文章にはおそらく登場しないと考えられるために、文書の種類

図1-2　多層ファイリング

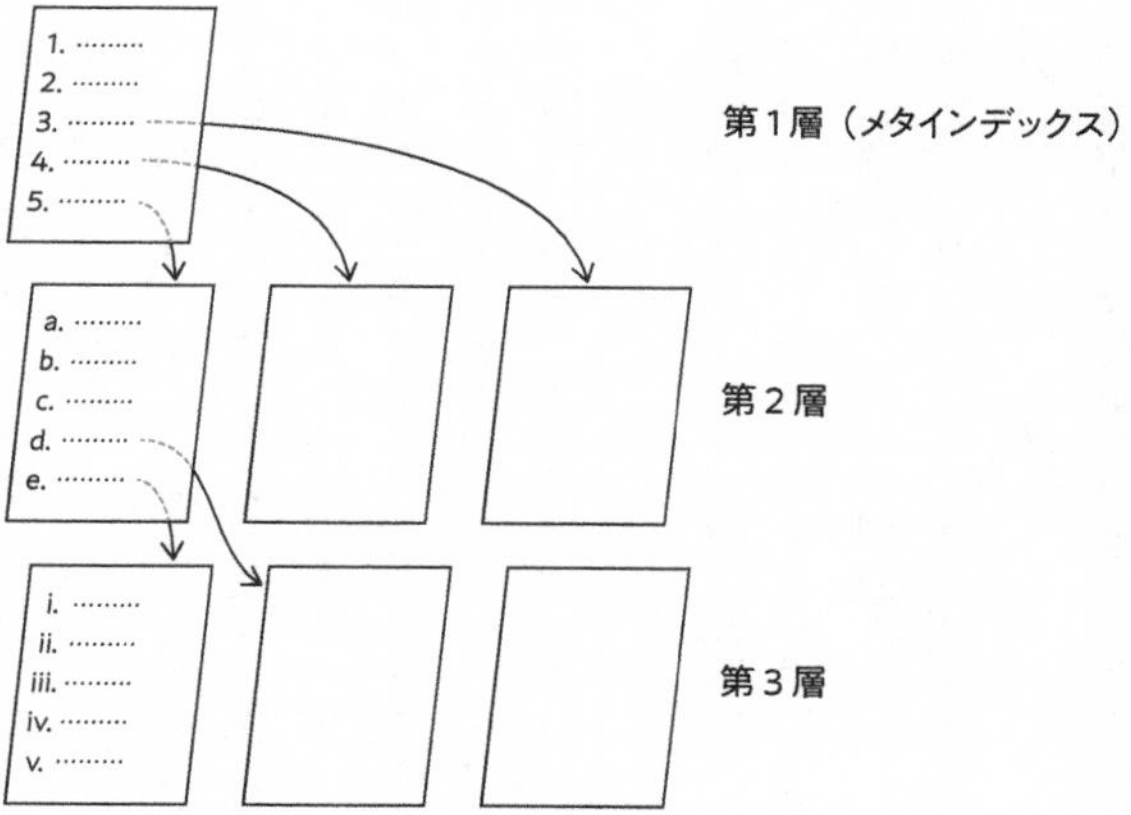

を識別するのに有効なキーワードとなります。

　これが、『「超」ＡＩ整理法』（ＫＡＤＯＫＡＷＡ、２０１９年）で提案した方法です。そして、この仕組みを「超」メモ帳と名付けました。

　この仕組みは、メモに関してはかなりうまく機能するのですが、完成原稿をも含めた文書の保管庫とするためには、もう少し改良する必要がありました。

　あらゆるファイルを、もっと素早く、かつ確実に、引き出すことができる仕組みを構築する必要があるのです。

多層ファイリングシステム

　そこで考えたのが、リンクを用いる多層ファイリングシステムです。これは、図１-２

に示すようなものです。

まず最上部に「メタインデックス・ファイル」があります。これはシステム全体の目次の機能を果たすファイルです。

ここに、図で1、2、3などと示されているいくつかの項目があり、各項目から第2層のファイルにリンクが張ってあります。例えば5の項目からは、図で第2層の一番左に示してあるファイルにリンクが張ってあります。したがって、メタインデックスファイルで「5」をタップすれば、第2層の一番左のファイルが開かれます。以下同様にして、次々に下の層のファイルにリンクを張っていくのです。

この具体的な形を、本書では、つぎの3つの箇所で述べています。

（1）第4章の2の「アイディア農場」
思いついたアイディアを逃さずに捉えておく仕組みです。
（2）第5章の「アイディア製造工場」
多次元の内容をシステマティックに構築していくための仕組みです。
（3）第8章の2の「外部脳」
同時並行的な仕事を処理するための仕組みです。

「層」とは何か？

層というのは、建物の階のようなものです。同じ階に部屋がたくさん並んでいるのと同じように、1つの層には、たくさんの構成要素が並んでいます。

世の中にある誰もが知っている多層構造の具体例としては、住所表示、生物分類、図書分類、目次などがあります。

日本の住居表示は、第1層が「都道府県」、第2層が「市区町村」、第3層が「番地」となっていて、分かりやすい構造です。これに比べて、欧米のは、市町村の下になると street number（通りの名称）となるので、実に不合理です。

生物分類は、典型的な層構造になっています。図書館ではいくつもの層によって、すべての書籍を分類しようとしています。

層とは分類です。

「超」整理法、とくに押し出しファイリングは、分類して整理する方法論への挑戦でした。

本書で、情報を層構造で保存しようとするのは、「超」整理法の基本思想の否定であると考えられるかもしれません。

確かに、その側面があることは否定できません。

しかし、これは、情報処理技術の進歩に伴う必然的な変化なのです。「超」整理法で対象としたのは紙の情報で、これに対して検索をしたりリンクを張ったりすることはできませんでした。

それに対して、デジタル情報では、検索とリンクが可能になったのです。このような進歩を活用しようというのが、本書で提案している仕組みです。

3層で1000個のファイルを管理できる

層はいくらでも増やしていくことができます。ただし、実際にはそれほど多くする必要はありません。なぜなら、2層か3層だけで、かなり多数のファイルを管理することができるからです。

各層に10個の項目があるとすれば、3層構造のシステムでは、1000個のファイルを収納することができます。そして、これらをリンクで選べるようにしておけば、「メタインデックス」(ルートファイル)から始めて、1000個のファイルをほぼ瞬時に開けます。

仮に4層にすれば、1万個のファイルを開けます。

人間の脳の情報処理能力はかなり限定的なものであり、一度に7つ以上の対象を識別することはできないといわれています。これは、「マジカルナンバー・セブン」といわれる法則です。

この制約は、多層ファイリングシステムを構築することにより、大幅に克服されることになります。

柔軟な仕組み

多層ファイリングは、「超」メモ帳のメタキーワードの仕組みと併用することができます。

さらに、１つのファイルにたどり着くルートが単一である必要はありません。複数のルートがあっても構いません。

これらの点において、多層ファイリングシステムは、ウィンドウズの「エクスプローラー」で開かれる「ＰＣ（旧マイコンピュータ）」よりも優れています。

５．多層ファイリングによる「数秒の差」が決定的

必要なデータをリンクによって即座に引き出す

多層ファイリングシステムにおいては、上位の層から下位の層にリンクを張ることによっ

て、目的のファイルを即座に引き出せるようになっています。

グーグルドキュメントで目的のファイルを引き出すためのもう1つの方法は、先に述べたキーワード検索です。もちろん、この方法でも目的のファイルは引き出せます。他のファイルには現れない特殊なキーワードを用いることができる場合（とくに、かなり長い文章を用いて全文一致検索ができる場合）には、即時に見いだせます。

キーワード検索は、リンクを張るよりは、簡単にできます。

ただし、一般には、この方法では、確実に1つのファイルだけを引き出すことはできません。メモなどであれば、これでもよいのですが、仕事の関係のファイルでは、どんな場合にも、「即座に、1つのファイルだけ」を引き出せることが必要です。

ここで「即座に」というのは、「数秒のうちに」という意味です。

実際には、数秒の違いが大きな差となるのです。

数秒の差で結果が変わる

仕事相手と話しながら、必要な資料などが入ったファイルを開く必要がしばしば生じます。その場合、数秒で開けるのと、1分かかるのとでは、大きな差があります。数秒の違いで結果が変わるのです。仕事の効率が圧倒的に変わります。

自分だけで用いる場合もそうです。私は、note に「使える日本経済データ」というページを作って、自分自身が頻繁に使っていたのですが、note のホームページからこのページを開くのは、若干面倒だと考えていました（note とは、誰でも手軽に情報発信ができるサービスです。無料で記事を公開できるほか、有料販売もできます。２０２０年5月時点でアクティブユーザーが６３００万人を突破し、注目が高まっています）。

ところが、これを、３層構造のシステムに入れたところ、「数秒」だけ早く開けるようになりました。それができるようになってから、使用頻度が上がりました。また、見つからない資料がほぼなくなりました。

仕事も生活も、「数秒」で大きく変わるのです。

この「数秒」を稼ぐためには、若干の手間が必要です。つまり、キーワードだけでは十分でなく、リンク方式によらざるをえません。

なお、原稿の場合、ファイルの中身は何度も書き換えることになるのですが、いったん作ったリンクは、そのままで利用できるので、全体として大した手間になるわけではありません。

「メタインデックス」というルートファイル

「メタインデックス」とは、全システムの出発点となるページです。「基本インデックス」といってもよいし、「全体の総目次」といってもよいものです。

ここから、さまざまなページにリンクが張られていきます。

私は、ファイルを見いだすために、「書籍ファイル」、「連載ファイル」などというルートファイルを作っています。そして、これを「メタインデックス」というルートファイルからリンクしています。

つまり、メタインデックスを引き出すことができれば、あとは数珠《じゅず》つなぎでリンクをたどることによって、目的のファイルを即座に開くことができるわけです。

これを開ければ、目的のファイルに必ずたどり着くことができます。この安心感は大変大きなものです。

メタインデックスを素早く引き出すには

「メタインデックス」は、簡単な手続きですぐに開ける必要があります。

メタインデックスは、頻繁に参照するにもかかわらず、編集することはそれほど頻繁ではないため、何もしないと、一覧ページの下のほうに行ってしまって、見いだしにくくなる場合があります。

これを防ぐためには、いくつかの方法があります。

（１）第１の方法は、メタインデックスのページに、「ううう」などというキーワードを書き入れておくことです。グーグルドキュメントのファイル一覧の画面で、検索ウィンドウに「ううう」と入力すれば、「メタインデックス」を開くことができます。この「ううう」を、私は「メタキーワード」と呼んでいます。「ううう」としたのは、ファイルの本文ではまず使われていない言葉であるし、簡単に入力できるからです（これが簡単に入力できるのは、私は、ＰＣでもスマートフォンでもアルファベット入力を用いているからです。スマートフォンでフリック入力を用いている場合には、入力しやすい別の文字列を選ぶのがよいでしょう）。

（２）第２の方法は、「スター」をつけることです。この方法を用いる場合、スターを付したページはごく少数（できれば、２、３個）にとどめておく必要があります。そうでないと、他のページに紛れてしまって、メタインデックスをすぐに見いだすことができません。

（3）第3の方法は、「メタインデックス」のどこかに「あ」という文字を入力しておき、それをときどき削除したり、再入力したりすることです（もちろん、「あ」でなく、別の文字であっても一向に構いません）。こうすると、編集されたことになるので、「メタインデックス」は、いつもページの上方に位置することとなり、使いやすくなります。

6．文書をクラウドで管理することが必要

クラウドに上げる

以上で提案している仕組みで文章を書いていくためには、必要な条件があります。

第1は、文書がデジタル形式になっていることです。つまり、紙に鉛筆やペンで書くのではなく、ＰＣやスマートフォンなどのデジタル機器を用いて文章を書くことです（ただし紙のノートなどにメモを書くことを否定しているわけではありません。これについては、第3章の2で述べます）。

第2は、デジタルデータがクラウドに上がっていることです。

いまでは、原稿用紙に原稿を書いている人はほとんどいないでしょう。しかし、「いまの方法で十分だから、それでよい。現在の仕組みを変えて、クラウドに上げる必要などない」と考えている人が多いでしょう。

それに対して本書は、「考えを変えてください」と提案します。

なぜクラウド保存が必要か

なぜデータをクラウドに上げることが必要なのでしょうか？

第1の理由は、さまざまな文章をリンクや検索などの方法によって自由自在に管理するためには、文書がクラウドに上がっているほうが便利だからです。

ＰＣなどの端末に保存してあるデータを検索する機能は、不完全なものです。例えば、Windows10の検索では、検索キーワードがファイル名に入っている場合には、そのファイルと本文中の該当箇所を示します（ただし、ファイル名と検索キーワードが完全に一致していないと、引き出さないことがあります）。

しかし、検索キーワードがファイル名に入っていないと、本文中に検索キーワードがあっても、「検索条件に一致する項目はありません」という結果が出るだけです（ただし、検索キーワードがファイル名に入っていなくても、本文に入っていれば引き出すことも、稀にあります。

どのような場合にこうなるかは、よく分かりません）。

これでは、ほとんど使い物になりません。

クラウドにあるデータは、さまざまな方法で引き出すことができます。「全く手がかりを失った」と思うときでも、本文中のキーワードをなんとか思い出せれば、検索で見いだすことができます。魔法のようです。

もう1つ重要なことは、クラウドのほうが安全だということです。自分のPCでは、マシンの不具合で問題が生じる場合があります。うまく保存できないときなど、ヒヤリとします。仮にマシンが故障すれば、保存してあったデータが引き出せなくなることがあります。

これまでは、できあがった文書はできるだけ早くメールで送ってしまおうと思っていたのですが、いまはグーグルドキュメントに上げれば安心と思っています。間違って削除しても取り戻せます。

クラウドに馴染《なじ》んでいない方は、「クラウドのほうが遥《はる》かに安全」ということを実感できないのではないでしょうか？　それは、クラウドに上げると、誰かに内容を読まれてしまうという錯覚があるからではないでしょうか？

しかし、そうした人たちも、メールにはあまり抵抗がありません。メールもクラウドなのに、なぜ抵抗がないのでしょう？「慣れ」の問題だけではないでしょうか？

クラウドの威力を知らないために、使っていない人が多いのです。きわめて簡単な操作で効果が大きいことを強調したいと思います。実際、私自身が、ついこの間まで、グーグルドキュメントの機能の１％も使っていなかったのです。

クラウドは簡単に利用できる

クラウド保存は、現在では、きわめて簡単にできます。

すでにグーグルドキュメントのアプリをダウンロードしてある場合には、それを用います。あるいは、Dropbox や Evernote をダウンロードしている人は、それを利用します。OneDrive もあります。iPhone を利用している人であれば、デフォルトで付いているメモアプリを使うことも考えられます。

私はグーグルドキュメントの使用を強くお勧めします。無料であり簡単にダウンロードできます。これを用いるための障害は、「面倒」だという思い込みだけです。それを乗り越える意味は非常に大きいので、ぜひ転換してください。

また、単なる惰性もあります。実際、「音声入力を人前でやるのは恥ずかしい」という人が多いのですが、それは、単に慣れていないからというだけのことです。その証拠に、携帯電話なら、多くの人が何の抵抗もなしに人前で話しています。新しいことをやるのは、どんな場合にも抵抗があるのです。
以下、本書では、このような態勢が準備できているものとして話を進めます。

会社がクラウドの利用を制約している

グーグルドキュメントの活用は、大量の文書管理のためにきわめて有効な手段になります。私は『「超」AI整理法』で、これを用いた個人用情報管理システムを提案しました。

ところが、ある人が、「この仕組みは大変便利だが、会社の仕組みでは使うことができない。会社から支給されているスマートフォンは、ダウンロードできるアプリが決まっており、自分勝手にアプリをダウンロードするわけにはいかないから」というのです。これを聞いて、私は仰天してしまいました。

実は、私がnoteで行なったアンケート調査でも、62・3%が、「グーグルドキュメントは使えない」と回答していました。

日本の大企業の多くは、独自のデジタル情報システムを構築しており、すべての社内情報を社内サーバで処理しようとしています。

右のアンケートでも、「いまだにCOBOLでできた基幹システムを、高齢のエンジニアが徹夜でメンテしている。自社の独自性に固執しすぎている」、「セキュリティポリシーに縛られて、思考停止状態」、「社外で顧客情報を取り扱うことができないため、テレワークが難しい」などの意見がありました。こうした状況は、ぜひとも改革すべきです。

クラウドは在宅勤務にも不可欠

グーグルドキュメントは、在宅勤務のためには、きわめて有効な手段になります。

それにもかかわらず、情報システムは自社で閉じており、グーグルドキュメントのようなクラウド情報管理を排除しています。だから、在宅勤務しようとすると、アクセスが集中してパンクしてしまうようなことが起きるのです。

日本では、多くの企業が自分自身のネットワークに閉じこもっていて、それを外部のネットワークにつなげていません。そのため、自社の人との間ではデジタル情報交換ができても、他の会社の人との間で行なうのは不可能、ということになります。

会社だけではありません。日本政府もそうです。政府は2020年にクラウドを導入することを決めました。「今頃クラウドか！」と驚いたのですが、それが日本の実態なのです。「オープンイノベーション」ということが叫ばれますが、デジタル情報管理システムが自社中心で固まってしまっていては、望むべくもありません。こうした状況は、なんとかして改革する必要があります。

7.「敵と思えば敵」になり「味方と思えば味方」になる

人間は新しいものを「敵」と考える

やや唐突と思われるかもしれませんが、ここで、「敵味方理論」と私が呼ぶ考えを述べたいと思います。これは、私が長年信じている考えです。仕事の進め方について、重要な意味を持つ「理論」だと思います。

人間は、新しいものに対しては本能的に警戒心を持ちます。そして「敵」だと考えて身構えます（人間だけでなく、動物一般がそうです）。

新しい道具の場合もそうです。それに対して警戒心を持ち、「敵」だと考えると、反感を持ち、自分から進んで使うことはありません。したがって、ますます離れていくことになります。

逆に、何かのきっかけで、新しい道具が自分にとって利益をもたらしてくれるということが分かると、それをますます使い、仕事の能率が上がり、さらに使っていく、という好循環が起きます。つまり、力強い味方になるわけです。

考え方を「敵」から「味方」に転換しただけで、このような大きな変化が起きるのです。

グーグルドキュメントは「敵」と見なされやすい

ＩＴ関連の新しい手段は「敵」と考えられやすいのです。

なぜなら、ある年齢以上の世代については、ＩＴは「生まれたときからあった」ものではなく、「生涯の途中で新しく登場したもの」だからです。

本書で述べている「グーグルドキュメント」や「共有」、「コメント」などの機能について、それが典型的にいえます。

いままで使っていなかった手段なので、馴染みがなく、警戒感を持ちます。「これはごく一部の特殊な人が使うものであって、私には関係がない。かえって邪魔になる」と、本能的に考えてしまうのです。

私自身がそうでした。例えば、グーグルドキュメントの共有機能です。うっかり共有してしまうと、「そのファイル以外のものまで、見えてしまうのではないか？」という恐怖心がありました。そのため「君子危うきに近寄らず」と、敬遠していたのです。

グーグルドキュメントの「コメント」もそうです。「私は、自分で文章を編集しているだけだから、こんな機能はいらない。うるさくて邪魔なだけだ」と考えていました。しかし、いったん使いだしてみると、これらがきわめて強力な機能であることが分かりました。

グーグルドキュメントが、ワードやテキストエディタなど、端末だけで使う文章作成ツールとは、全く違うものであるということが実感できます。

ワープロを敵だと考えた人は多かった

私は、音声入力については、かなり早い時点で自分の味方であると意識したので、積極的に使い、それを自分の仕事の体系での重要な道具として位置付けてきました。

このため、いまでは、スマートフォンを用いた音声入力は、私の仕事において、欠くことのできない重要な道具になっています。

思い返してみると、同じことは、1980年代においてすでに生じていたのです。

その頃に、初めて「ワープロ（ワードプロセッサ）」というものが登場しました。しかし、多くの人は、これに対して反感を持ちました。つまり、「敵」だと考えたのです。

そして、「ワープロを使うと文章が機械的になる」とか、「味気がなく、人間味のないものしか書けない」、「文章は、ペンの重みを手に感じながら、原稿用紙に書いていかなければならない」などということが、盛んにいわれました。

私はワープロが登場した直後からこれを使い始めたのですが、それには理由があります。

ワープロに対して敵意を持つのは、それがコンピュータだからということもあるのですが、多くの場合、理由はキーボード入力にあります。

欧米ではタイプライターが普及していたため、キーボードから入力することに対して大きな抵抗がありませんでした。

ところが、日本では、タイプライターはごく一部の人しか使っていなかったのです。しかも、それは「和文タイプライター」という奇妙な存在でした（欧米のタイプライターのように少数のキーボードだけでなく、漢字を打つためのきわめて多数のキーボードを備えた装置）。

ところで、私は、１９７０年代にアメリカに留学し、博士論文を書くために、自分でタイプを打たなければならなかったのです（仕事のために渡米した人たちは、会社のオフィスでタイピストにタイプを頼んでいたでしょう。私は貧乏学生だったので、タイピストを雇えなかったのです）。

このため、ワープロが登場したとき、キーボードからアルファベットで入力するのは、きわめて簡単なことでした。こうして、原稿用紙からワープロへと、スムーズに移行できたのです。

ワープロを自分の味方だと考えたのは、このような理由によります。そして、そのことによって、私の仕事の能率は、それ以降、大きく向上しました。

本書が提案する仕組みを「味方」にしよう

なぜ敵味方理論について述べたかといえば、その理由は、本書で述べる仕組みについても、「それは自分には関係のないものであり、敵である」と感じる方が多いと考えられるからです。

しかし、これを使うのに、何の障害もありません。ワープロの場合のキーボードのような障害もないのです。必要なのは、考え方を変えることだけです。ぜひ、これを味方だと思って使い始めてください。

そうすれば、あなたの世界は一変することになるでしょう。

第1章のまとめ

1．本書で「文章を書く」とは、「自分の考えを伝える。意見を言う。主張を述べる」ことを指します。このための教育は、学校ではなされていません。これまでの文章読本が指南してきたのは、書く内容があって、それを正しい表現で書くことです。しかし、実際に重要なのは、まず、書く内容を見いだし、アイディアを成長させ、それを組み上げていくことなのです。本書はそれに重点を置いています。

2. 本書で提案している主要な方法は、つぎの３つです。
（１）クリエイティング・バイ・ドゥーイング
（２）アイディア農場
（３）多層構造で本を書く

3. ここで提案しているのは、文章作成を自動化しようという試みではありません。しかし、ここで述べている方法に従えば、苦労はしますが、誰でも本を書き上げることができます。

4. 作業中の文章をクラウドに上げて作業することが重要です。「マジカルナンバー・セブン」といわれる制約は、多層ファイリングシステムを構築することにより、克服されます。多層ファイリングシステムにおいては、上位の層から下位の層にリンクを張ることによって、目的のファイルを即座に引き出せます。これによる「数秒の違い」

が決定的な場合があります。

5. 新しく登場した道具を「敵」と見なせば、どんどん離れていってしまいます。逆に、それを「味方」と考えれば、大いに役に立つ存在になってくれるでしょう。

第2章　テーマをどう見つけるか？

書籍のテーマが、あらかじめ決まっている場合には、執筆は比較的楽です。

しかし、実際には決まっていない場合が多いでしょう。こうした場合に重要なのは、伝えたいメッセージを見いだすことです。「テーマを探し出すこと」が、文章執筆の第1歩です。

テーマは、基本的には「考え抜く」ことによってしか見いだせませんが、この章ではそれを補助する仕組みを提案します。とくに重要なのは、「クリエイティング・バイ・ドゥーイング」です。

*

1. テーマを見いだすことこそ重要

テーマ探しは金脈を探すようなもの「うまく見つかれば8割は完成」

文章を書く場合にまず最初に必要なのは、「そもそも何について書くのか?」を決めることです。

私は、『「超」文章法』（中公新書、２００２年）において、「問題を捉《とら》えることが最も重要」と書きました。そして、それが8割の重要性を占めているとしました。

このことはいまでも正しいと思っています。

「何について書くか？」、「何を目的にするのか？」という「テーマの選択」、あるいは「目的の選択」こそ、最も重要です。

これは、創造活動の第1歩です。適切なテーマが見つかり、問題を設定できれば、仕事は8割はできたといっても過言ではないでしょう。

物書きにとって、「テーマ」とは金鉱のようなものです。それをうまく探し当てられれば、そこを採掘することによって、大量の金を掘り出すことができます。

アルキメデスは、「我に支点を与えよ。そうすれば地球を動かしてみせる」といったそうです。文章を書く場合に当てはめれば、「我にテーマを与えよ。そうすれば世界の常識を覆してみせる」ということができます。

逆にいえば、金脈がないところをいくら掘っても、金は掘り出せません。採掘の努力は徒労に終わるのです。

金鉱は、地表からはなかなか見つかりません。大量の金が埋蔵されている金鉱を見いだすことは、物書きにとって、最も重要なことです。

組織の一員として仕事をしている場合、「何をすべきか」についてのおおよその方向付けは、上司の判断などによって決められている場合が多いでしょう。しかし、その枠内においても、それをどのような観点から見て、どのように処理するかということについては、あなた自身の判断が重要なはずです。

「よい質問」をすることが重要

私がアメリカに大学院生として留学したときに最も印象的だったことの1つは、教授が学生の質問に対して、「それはよい質問だ」としばしばいったことです。

アメリカの学生はよく質問します。その質問がよい質問か、平凡な質問か、あるいは悪い質問かの評価をされるのです。

日本の学校では質問をする学生がそれほど多くないので、教師からこうした反応を聞くことはありません。そのため、「よい質問だ」というコメントは、大変新鮮な印象でした。

「よい質問をした」ということは、「よい問題を捉えた」ということです。つまり、「探求すべきテーマを見いだした」ということです。ですから、「よい質問をする」のは、大変重要なことなのです。

教授自身が、学生の「よい質問」に触発されて、何かを思いついたこともあるのではないかと思います。

私は、日本に帰ってきて大学で教えるようになったとき、学生からできるだけ多くの質問を受けるようにしました。そして、その質問をメモしていました。質問に触発されて私が思いついたことを、メモしていたのです。

問題だけを残した人も数学に寄与した

問題を設定して、その答えを書かなかった人もいます。

最も有名なのはピエール・ド・フェルマー（1607年－1665年。フランスの裁判官）です。

フェルマーの最終定理と呼ばれるものは、「3以上の自然数nについて、$x^n+y^n=z^n$となる自然数の組（x, y, z）は存在しない」という命題です。フェルマーの死後330年経った1995年にアンドリュー・ワイルズによって初めて完全に証明されるまで、この命題が正しいかどうか分からなかったのです。

「問題を設定できれば答えを見いだすのは簡単」といいましたが、どんな場合にもそうであるわけではないのです。

数学には、「○○予想」といわれるものがいくつもあります。問題だけで、それが正しいかどうかの答えがいまだに見つからないのです。しかし、こうした問題が数学を進歩させたことは間違いありません。質問こそが重要なのです。

テーマに関する需要と供給の法則

書籍や論文のテーマであれば、需要が大きいもの、つまり、多くの人が必要であると考えているもの、あるいは多くの人が関心を持ちそうなものを選ぶというのが、多くの著者の選択です。

しかし、そのようなテーマに対しては、供給も多いのが普通です。そこで、供給側の条件、つまりあなた自身の相対的な位置を考える必要があります。

多くの人が書けるようなものを書いても、大量の供給の中に埋もれてしまうでしょう。その逆に、あなた以外の人には書けないものを書くことができれば、大変有利な立場に立つことになります。

現代の世界では、インターネットの反応を全く無視するわけにはいかないので、ツイッターなどの「いいね」の数を無視するわけにはいきません。霞《かすみ》を食って生きている仙人であればともかく、世の中の動向を全く無視して超然としているわけにはいかないのです。しかし、私は、それに振り回されることがないように努力しています。

需要が大きいものに対応することは必要です。しかし、それだけでなく、自分がどのような供給ができるかを考えることも重要です。この両者の調和が必要なのです。

なお、多くの人が関心を持っていることについて、一般にいわれていることが間違いであるとか、観点を変えれば全く別の結論が出てくるといった場合があります。多くの人の考えをただ受け入れるのではなく、それにチャレンジすることが必要です。

事実そのものに関する情報は、いまやウエブの検索をすればいくらでも得られます。そんなことを述べてもしようがありません。それに、事実に関しては、現場にいる人のほうが詳しく知っているのは間違いないことです。2次情報や3次情報を広げたところで、価値は少ないでしょう。

事実に関する2次情報を、あなたが書く必要はありません。リンクすればよいだけのことです。

しかし、その事実の意味、背景、解釈、あるいは将来における予想などを述べるのであれば、価値があります。そうしたことにこそ、力を注ぐべきです。

なお、「問題の設定こそ重要」というのは、書籍や論文の執筆に限ったことではありません。「何をしたらよいのか？」、あるいは、「そもそもどんな職業に就いたらよいのか？」ということこそ、最も重要な選択なのです。これらの選択に関しても、先に述べたこと（需要、供給の両面を考慮する必要がある）がいえます。

AI時代に「テーマ選択の重要性」は高まる

ITの進歩によってもたらされた大きな変化は、テーマさえ見つけられれば、それに関する情報を探し出すのが簡単になったことです。

30年ほど前までであれば、テーマを見つけたとしても、それを掘り下げていくための情報を得るのは、容易なことではありませんでした。そのためには、書籍や雑誌などを参照しなければならなかったのです。

しかし、いまでは、そうした情報は、ウエブを検索することによって簡単に集まるようになっています。とくに統計データについて、そのことがいえます。また、海外の論文へのアクセスも、グーグルスカラーによって可能となっています。

ただし、ウエブで得られる情報は断片的なものが多く、ものの考え方、とくに基本的なものの考え方について、ウエブが適切な情報を提供してくれるのかどうかは、大いに疑問です。

第1章の2で紹介したように、AIによって自動的に文章を書くアプリも、すでにインターネットで提供されています。実際、スポーツ記事などについては、AIが書いた記事が配信されています。一般的な文章については、現在のところ性能が悪く、ほとんど実用にならないのですが、将来は進歩するかもしれません。

しかし、こうした機能を利用するためには、「何について書くのか」というテーマを与える必要があります。

「何について書くのか」、「どのような観点から書くのか」は、著者が決めなくてはならないことです。それについての重要性は、ＡＩの時代に高まるでしょう。

2．クリエイティング・バイ・ドゥーイング

テーマを見つけるには「考え抜く」しかない

では、どうしたら、「適切なテーマ」や「よい質問」を見いだせるでしょうか？

テーマは何もしないでいるときに天から降ってくるものではありません。また、テーマ探しをやれば必ず見つかるというわけでもありません。「ボタンを押せば適切なテーマが示される機械」などというものも、ないのです。

よいテーマを見つけるためには、「つねにテーマ探しを意識し、さまざまな情報を捉え、考えに考え抜く」ということしかありません。

探して探して、探し続けるのです。「2階の窓から飛び降りたくなるほど」探さなくてはならないのです。

「たくさんの情報を収集すればテーマが見つかる」というわけでもありません。あまりに大量の情報を集めれば、情報洪水に飲み込まれて、方向を見失ってしまうでしょう。

仕事を続けていればテーマが見つかる

2002年に『「超」文章法』を書いたときには、「テーマの発見は8割の重要性を占めているにもかかわらず、明確な方法を見いだすことができない。具体的な方法はない」と書きました。

では、この問題については、全く答えがないのでしょうか？

実は、この点について、私の考えは変わりました。以下でそれについて述べます。

テーマを見いだすための最も確実な方法は、「仕事を続けること」です。仕事を続けていると、その中から新しい疑問が生じ、新しいテーマが見つかるのです。

これを「クリエイティング・バイ・ドゥーイング」ということにしましょう。

「ラーニング・バイ・ドゥーイング」ということがいわれますが、知的生産においては、「クリエイティング・バイ・ドゥーイング」が重要なことです。これは、「仕事をしながら創り出す」ということです。アイディアの多くは、仕事がある程度進んだところで出てくるのです。

テーマも同じです。「テーマ探しをやって適切なテーマを探し当て、それから仕事を始めて進めて完成させる」ということは、滅多にありません。

そうではなく、「何かのテーマで仕事を始めていろいろ調べたところ、別のもっと適切なテーマがあると分かり、実はそれが本当の金鉱であることを見いだし、テーマをそれに変更して仕事を進める」という場合のほうが多いのです。つまり、テーマも、試行錯誤でしか見いだせない場合が多いのです。

とにかく仕事を始めること

したがって、必要なのは、「とにかく始める」ことです。準備ができてから始めるのでなく、準備がなくとも始めるのです。

多くの人は、テーマが見つかってから動きます。その順序を逆転させることが必要なのです。「とにかく何か書いてみる」、「すると成長する」。このことを、私は、毎日実感していま す。

仕事の中で一番難しいのは、出発することです。出発すれば進みます。そして完成します。

多くの人は、テーマが見つからないから始めないのですが、そう簡単にテーマが見つかるはずはありません。そして、仕事を始めないと、そのことに頭が向きません。しかし、仕事をとにかく始めることなら、誰にでもできます。

「クリエイティング・バイ・ドゥーイング」は、本書が提案する最も重要なノウハウの1つです。そして、本書は、ただ「始めよ」というのでなく、そのための仕掛けを、以下のように提案しています。

思いついたことを音声入力で書き留める

「仕事をとにかく始めることなら、誰にでもできる」といいました。しかし、しばらく前までは、PCで作業をする場合においても、「仕事を始める」ことに対して一定の障壁がありました。

「仕事を始めよう！」と決心して机に向かって座り、PCの電源を入れるという作業が必要だからです。現実には、たったこれだけのことが大きな障壁になるのです。

しかし、現在では、この障壁が非常に低くなっています。スマートフォンを取り出し、メモのページを開き、音声入力でとにかく何かを話してみる。それだけの操作でテキストファイルの原稿ができます。これに関して、後で述べるようなさまざまな仕組みを構築していくことが可能です。思いついたアイディアを逃さないようにする仕組み、そして、そうしたアイディアを育てていく仕組み、それらのアイディアをまとめて組み上げ、構成していく仕組みです。これらについてこれから述べます。

ただ、これらの整備は徐々に行なえばよいことで、とにかくこの第１歩を踏み出すことが創造活動で最も重要なことなのです。

そうした中で最も重要なのは、「まず何かを書く」ということです。そのための重要な手段が音声入力です。

仕事を始めていれば、朝起きたときに何か考えが浮かぶはずです。思いついたことを音声入力でメモします。

昨日、人と会って話したことを思い出してみましょう。そこに何かよいアイディアが潜んでいないか？　昨日読んだ本で、何か手がかりになることはなかったか？

このようにして思いついたことをすぐに記入できるように、スマートフォンを枕元に置いておきます。

朝食のときに新聞を読んでいる人も多いでしょう。何か意見をいいたい記事を探します。そして、その記事に対する意見や感想を書いておきます。

仕事が一段落して立ち上がるとき、アイディアが浮かぶ場合も多いでしょう。

グーグルドキュメントを強く推奨

「とにかく始める」方法として、「スマートフォンのメモのページに音声入力する」と述べました。「とにかく始める」方法は、これ以外にもあります。思いついたことを書き留める方法としては、紙片やメモ用紙、あるいはノートに書き留めるという方法もあります。

これらのどれを用いてもよいのですが、いつでもどこでも書くことができ、そこから成長させられるという点から、スマートフォンを用いてグーグルドキュメントに書くことを強く推奨します。その際に音声認識を用いることも強く推奨します。

メモ用紙やノートなどに書き留めたメモは、そこから成長させることが、できなくはないのですが、効率的にはできません。デジタルな形態になっていても、PCというローカルな端末に保存しているのでは、それを成長させていくことが難しいのです。

アイディアを成長させるためには、文書がデジタル情報の形で書かれており、しかも、それがクラウドに保存されていることが必要です。そうでないと、以下に述べる仕組みはうまく機能しません。ただし、ごく最近では、AI（人工知能）のパタン認識能力が向上してきたので、手書きのメモなどについても、それをデジタル化して処理することが可能になってきました。これについては、第3章で述べます。

どうしたら成長させられるか

浮かんだアイディアをすぐにキャッチできる仕組みを作った後で必要なのは、それらのアイディアが成長できるような仕組みを作ることです。

これが第4章で述べる「アイディア農場」です。

このために、第1章で述べた多層ファイリングの仕組みが重要な役割を果たします。ここで書き留めたアイディアからさらに新しいテーマを見いだしていきます。

全体の体系を作り上げてしまうと、アイディアが出やすくなります。

第5章で述べるような方法で全体の体系ができあがってくると、抜けている部分などについて、新しい考えが出てきます。この場合は、その考えをどこにはめ込むかがはっきりしているので、新しいアイディアを書き留めることは簡単です。それとこれまで書いたところとの反応で、さらに新しい発展が期待できるでしょう。

これによって、「それまで続けていた作業がまた最初から始まる」ということもあります。モノを製造する現実の工場では、ベルトコンベアに乗って一方向に工程が進みますが、アイディアを作る工場では、「行ったり来たり、逆戻りしたり」といった過程が頻繁に生じるのです。これが、アイディア製造工場とモノを製造する工場との大きな違いです。

こうしたメカニズムを活用するためにも、「とにかく仕事を始める」ことが重要です。そして、仕事を始めれば、仕事は完成します。

3．質問ジェネレーター

異質な考えに接する

「仕事をしながらテーマを見いだす」と述べました。ただし、テーマを見いだす方法は、それだけではありません。テーマ発見器はありませんが、その近似物を作ることはできます。以下に述べる「質問ジェネレーター」がそれです。

この方法の要点は、異質な考えに接する機会を作り出すことです。自分1人の考えに閉じこもっていては、質問はなかなか出てきません。質問は、異質な考えに接することによって出てくるのです。その具体的方法を以下に述べます。

本を読んで著者に質問する

異質な考えに接するために最も効率的なのは、本を読むことです。

そして、そこに述べられている考えに対して質問をすることです。もっといえば、そこで述べられている考えに反論することです。それによって問題を摑《つか》むことができます。

これは、普通考えられている読書法とは異質なものです。多くの人は、本から教えを受けようとしています。つまり、著者から知識や考え方を学ぼうというのです。

しかし、ここで推奨している方法は、そうした受け身の読書ではなく、もっと積極的なものです。最初から喧嘩《けんか》腰で本に臨むのです。本に対して批判的な態度で接し、異議を唱えようとするのです。

私は、アメリカで大学院の学生として勉強していたとき、図書館の本を読んでいて、「この考えは間違っているのではないか？」といった類《たぐい》の書き込みがあるのを見て、大変興味深く思いました。考えてみると、昔から、多くの人が本に書き込みをしていました。

なお、カレントトピックス（時事問題）については、新聞や雑誌の記事について、同様のことを行なうことができます。

講義とブレインストーミング

異質な考えに接するためのもう1つの方法は、講義をすること、あるいは研究会のような集まりで発表することです。ここでの質問から、新しい発想が出てきます。

私は、新型コロナウイルスの感染拡大で集会ができなくなるまで、毎月1回、特別講義と称して公開講義を行なってきたのですが、この大きな目的は質問を出してもらうことでした。あるいは、ブレインストーミングを行なって自分の考えを出し、それに対して質問をしてもらうことが考えられます。能力の高い人たちとのブレインストーミングなら、多くを期待することができます。ブレインストーミングについては、第7章で詳しく述べることとします。

メモと対話する

対話のメモを見直すことも有用です。他の人の考えに接すれば質問が出てきます。こうしたメモには、手書きのものが多いでしょう。これらは、写真に撮り、データベース化します。自分のメモを後から見ることは、しばしば有用です。状況が変わってその問題を新しい観点から、つまり、別人のような視点で、見ることができるからです。

何週間も前のメモを見て、「こんなによいことを考えていたのか！」と自分で感心することもあります。そうしたものが見つかると、貴重な玉手箱を持っているような気持ちになります。ここで提案しているシステムは、昔から作家が書いていた「創作ノート」と同じものですが、AI（音声入力）とクラウド管理（グーグルドキュメント）によって、遥《はる》かに強力な仕組みになっているのです。これは、自分自身との対話、です。これをグーグルドキュメントのコメント機能の活用で進められます（第4章）。

私は質問をたくさん持っている

私は質問をたくさん持っています。私が最も恐れるのは質問がなくなってしまうことですが、当面は恐れることはありません。質問が次々に湧き出してくるからです。本章の2で述べたように、仕事を進めていることが、問題を捉えるための最強の方法です。

私は、子供の頃から、疑問を持ち続けてきました。例えば、つぎのようなことです。

分数の割り算は、分子と分母を逆にして掛ければよいのはなぜか？

夜が暗いのはなぜか？　星は無数にあるのだから、不思議なことだ。「宇宙が膨張しているからだ」という答えを知ったのは、ずいぶん後のことです。

なぜメキシコとアメリカの間にはこれほどの豊かさの差があるのか？　カリフォルニアに留学していたとき、アメリカの豊かさを見て、毎日のようにそう考えていました。いまに至るまで満足できる答えを見いだせません。

友達同士で問題を作っていたこともあります。

マーティン・ガードナーの数学パズルが面白かったのは、問題の設定が面白かったからです。私は、いまでもたくさんの質問を持っています。そして、さまざまな方法によって、これらの質問に対する答えを見いだそうとして努力しています。

例えば、つぎのような質問です（これらは、新型コロナウイルス期以前の日本経済に関するものですが）。

・人手不足なのに、なぜ賃金が上がらないのか？
・日本企業の売上高は伸びていないのに、なぜ利益が増えるのか？
・日本の産業は元気がないのに、なぜ株価が上昇するのか？

漠然とした問題設定ではだめ

原稿依頼やインタビューなどで、私がそれまで関心を持っていなかったこと、あるいは漠然としか意識していなかった問題を示されると、大変ありがたく思います。

そのことについて関心を寄せることになるからです。

ただし、それは、具体的なテーマを示された場合であって、「日本経済の問題点について」とか、「技術の新しい進展について」といった漠然としたテーマでは、このようなことにはなりません。「いかにしたら生産性を高められるか？」、「いかにしたら豊かになれるか？」では、問題の設定が広すぎ漠然としているため、答えを出すことができません。もっと操作可能な形で問題を設定しなければなりません。

クリエイティング・バイ・ドゥーイングのまとめ

以上で述べたことを、図２－１と２－２で説明しています。

文章の作成について多くの人が考えているのは、図２－１のような方法です。つまり、「まずテーマを見つけ、それから仕事に着手し、文章を徐々に成長させていって、完成する」という方法です。

それに対して、図２－２に示すのが、「クリエイティング・バイ・ドゥーイング」の方法です。つまり、「とにかく始める」のです。なお、この際に、本章の３で述べている「質問ジェネレーター」の助けを借りることもあります。

そして、第4章で述べる「アイディア農場」の仕組みによって、アイディアを育てていきます。さらに、第5章で述べる「アイディア製造工場」で最終的な完成品を作ります。

重要なのは、一方向的な動きだけでなく、逆向きの動きもあることです。

図2-1　多くの人の考え

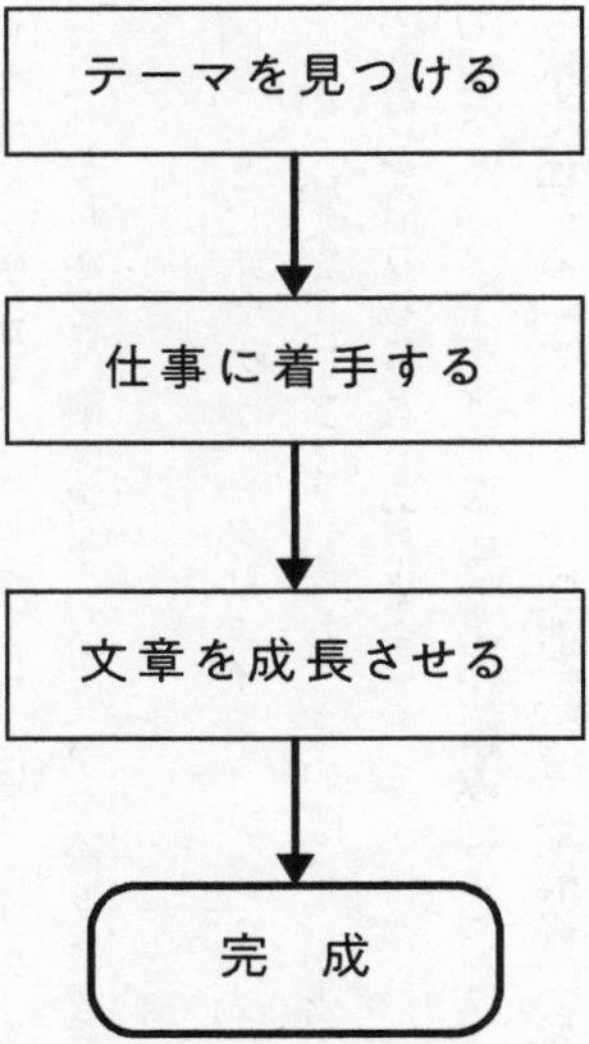

図2-2　クリエイティング・バイ・ドゥーイング

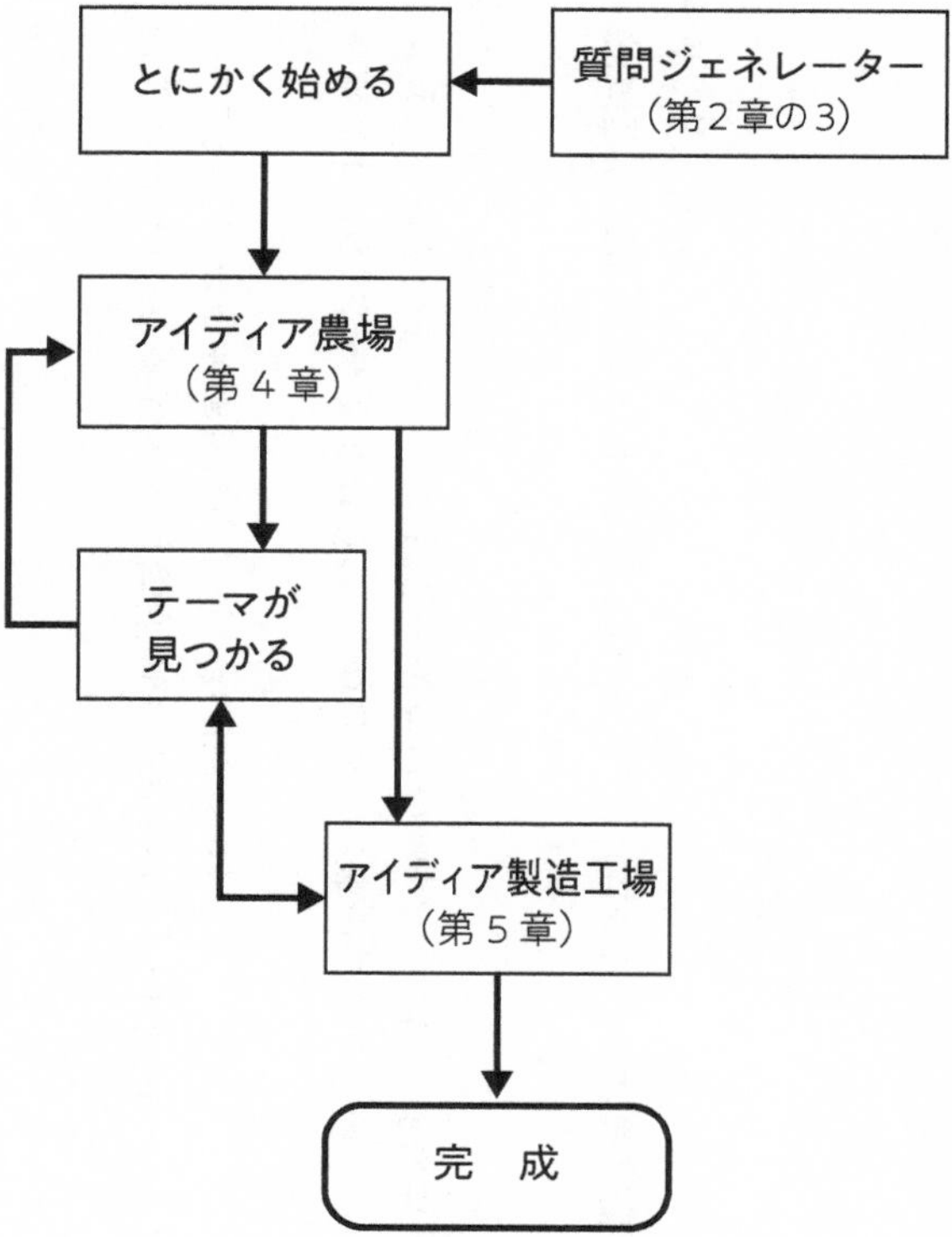

第2章のまとめ

1. テーマを捉えることこそ重要です。「質問を考え出すこと」といってもよいでしょう。これができれば、仕事の8割は完成したことになります。

2. テーマを捉えるために最も有効なのは、「とにかく仕事を始めること」です。仕事をしていれば、そこからテーマや質問が生まれてきます。これが、「クリエイティング・バイ・ドゥーイング」です。

3. テーマや質問は、異質なものとの出会いによって生まれます。これを積極的に行なおうとするのが、「質問ジェネレーター」です。

第3章　アイディアの材料を集める

＊

アイディアを成長させるためには、それをさまざまな情報と組み合わせる必要があります。したがって、外部から入ってくる情報を適切に管理する必要があります。

私の場合、外部から入力される情報としては、つぎのものがあります。

第1は、新聞記事です。これは、プッシュされてくる情報です。これについて、本章の1で述べます。

第2は、自分が持っている問題意識に関連して、自らプルする情報です。これには、さらに2つのものがあります。第1は、ウエブの検索で得る情報。第2は、自分が持っているデータベースの検索です。これらについて、本章の2で述べます。

本章の3では、写真メモの検索について述べます。

1．新聞記事の整理は簡単でない

保存した記事のほとんどは使わない

新聞記事は有用な情報源ですが、保存整理することが著しく面倒な情報源でもあります。昔から多くの人が、「新聞切り抜き」に悪戦苦闘してきました。

ＩＴの進歩で状況は大きく変わってきたのですが、それでも厄介な作業であることに変わりはありません。

新聞記事の収集・保存に関して最も重要なことは、「明確な問題意識なしに収集・保存しても、大部分は使うことがなく、忘れられてしまう」ということです。

逆に、「後になってから必要になる新聞記事は保存しておらず、ネットで探しても見つからない」という場合が多いのです。

新聞記事には重要と思われる情報が含まれていることが多いので、どうしても、「残しておきたい」という考えにとらわれます。しかも、本章で以下に述べるように、新聞記事の保存は、昔に比べれば、ずっと容易にできます。そこで、どうしても大量の新聞記事を保存することになってしまうのです。

しかし、後になってから本当にその情報が必要になるかどうかは、将来の自分がどのような仕事をしているかにかかわるので、予測が難しいのです。

このように考えると、新聞記事の収集・保存は、きわめて難しい仕事であることが分かります。

「プッシュ」される情報の選別は難しい

ここで「新聞記事」といっているのは、文字通りの新聞記事だけではありません。雑誌記事や書籍の一部であることもありますし、ウエブに投稿されている記事であることもあります。「一般に公開され、プッシュされてくる情報」という意味です。

どのような情報をプッシュするかの判断は、編集部や記者が行なっており、多くの読者の関心事に合うように内容を選んでいます。その判断が、私自身にとっても適当なものであるという保証はありません。

本章の2で述べるのは、情報を「プル」しようとする場合です。この場合には問題意識がはっきりしているので、右のような問題がないのです。

つまり、新聞記事の収集・保存が難しいのは、プッシュされてくる情報の中から、自分にとって（しかも現在の自分というよりは、将来の自分にとって）本当に必要なものを選別するのが難しいからだということができます。

最終的な体系をできるだけ早い時点で作っておく

右に述べた問題に対処する1つの方法は、将来執筆すべき書籍の最終的な体系を、できるだけ早い時点で作っておくことです。つまり、第5章で行なおうとする作業を、早い時点で行なっておくのです。

こうすれば、プッシュされてくる大量の情報のうち、その書籍に必要とされる情報だけを選別して保存することになります。

したがって、不必要な情報をため込むことはないでしょうし、また、必要である情報が欠けているという事態を防ぐこともできるでしょう。

もちろん、何もないところに最初から完全な体系が作れるわけではありません。したがって、作る体系は仮のものであり、作業が進むにつれて変わっていくでしょう。体系が変われば、集めた情報が不必要になることもあるし、必要な情報が不足するということもあります。そうした事態が生じるのは、止むを得ないことです。

しかし、全く問題意識がない状態に比べれば、事態はずっと改善されるはずです。少なくとも、第2章で述べた「テーマ探し」をしっかりと行ない、問題意識を明確にしておくべきです。

新聞記事を写真に撮って無限に保存できるようになった

重要であると考えられる新聞については、ウエブ版を活用することが必要でしょう。これは、有料ですが、物書きにとっては、必要な出費です。

詳しい情報はウエブで得られるのですから、その記事の見出しだけをメモしておけばよいことになります。テーマ別などに整理しておけば、後から引き出せるでしょう。

また、グーグルフォトなどを使えば、写真を無限に保存することが可能になりました。そこで、残しておきたい新聞記事があったら、それを写真に撮るという方法が考えられます。

ただし、大量の記事が保存されることになるので、それらの中から必要な記事をどのようにして見いだすかが問題です。

最も単純な方法は、日付を頼りに捜すことです。

これをもう少し改良することもできます。それは、「とにかく写真に撮る。そして、後からそれにタグをつけて分類する」という方法です。

グーグルフォトでは保存してある写真にタグをつけ、検索することができます（「説明を追加してください」という表示に合わせて、テキストを入力する）。この機能はまだ不完全であり、タグによっては機能しないこともあるのですが、多くの場合、かなり便利に使えます。

例えば、社会保障改革に関する記事であれば、「社会保障」などというタグをつけます。

後になって社会保障関係の記事が必要になったら、「社会保障」というタグを検索すれば、その分類の写真が得られます。さらに詳しい情報を入力しておけば、それによって検索することもできます。

こうして、新聞切り抜きの悪夢から逃れられるとともに、第2章の3で述べた「質問ジェネレーター」として利用することもできます。雑誌記事やホワイトボードなどに書かれた情報についても同様に処理できます。

なお、タグをつけるのではなく、テーマごとにアルバムを準備し、該当記事をここに収納していくという方法も考えられます。しかし、右の方法では複数のタグをつけられるので、このほうが便利です。

短い文章を書いてツイートしたり note の記事にしておく

以上の方法によって新聞記事データを保存することができます。しかし、実際には、蓄積はしたものの、それを後から効率的に利用できないということがしばしば生じます。貴重なデータが「宝の持ち腐れ」になってしまうのです。

こうした事態を避けるために、つぎのような方法が考えられます。それは、当該新聞記事をもとにした短文（第4章でいう「たね」）を書き、それをツイートすることです。

内容がツイートで収まりきれないようであれば、note などのブログに記事を出します。この場合にはかなり詳しい内容が書けるので、当該記事のURLも記録しておくことができるでしょう。

後になってこれらのデータを活用する場合には、複数個のツイートや記事をまとめる形で文章を書いていきます。このプロセスは、第4章の「アイディア農場プロジェクト」の一部分ともなしうるものです。

外国語の文献を恐れてはならない

外国語の文献を恐れるべきではありません。自動翻訳で簡単に読めるからです。

中国語の文献も自動翻訳で読めます。ただし、中国語から日本語への翻訳はあまり正確ではありません。中国語から英語に翻訳するほうが正確に意味が取れる場合が多いと思われます。

まず、ある程度の範囲を翻訳させて、おおよその内容を理解し、その中でとくに知りたいところだけを選んで翻訳にかけると、もっと正確な翻訳が得られる場合が多いように思われます。

2．自分のデータベースから検索する

Gmail はきわめて強力な資料アーカイブになっている

私の場合には、電子メールの送信記録が、自分が作成したデータのアーカイブ（文書保管庫）になっています。アーカイブにしようと意識して情報を貯めたわけではないのですが、自然にそうなっていました。

これを見て、「かつてこんなことを考えていた」ということが分かり、それを復活させて成長させることもできます。

ただし、Gmail には雑音（勝手に送られてくる宣伝文など）が非常に多いので、目的のものをピンポイントで見つけ出せるとは限りません。有効活用のためには、いくつかのノウハウが必要です。

まず有用な情報を見いだしたら、それにタグをつけておくことが有用です。

また、Gmail の各ページをグーグルドキュメントにリンクづけて管理できると便利です。

スマートフォンでは、Gmail の画面は開けるものの、私が試みた限りでは、個々のペー

ジは開けませんでした。もっとも、PCではこの方法によって個々のページを開ける場合もあるので、重要なメールについては、グーグルドキュメントに管理画面を作って管理することが可能です。

手書きのメモやノートも写真に撮って編集する

紙のノートに書き留めたメモも、大変有用な情報源です。

ただし、紙のノートなどに手書きで記入したメモは時間順になっていて、それだけでは内容別にまとめたりすることができません。これを編集し、アイディアを成長させるには、順序を入れ替えたりする必要がありますが、これまでは困難な作業でした。もう一度内容別に書き直していくことも考えられますが、面倒です。

この作業は、現在でも決して容易ではありません。しかし、グーグルフォトを活用すると、以下のように、不完全ながら、手書きノートの編集が可能になります。

まず、手書きノートやメモのうち、必要箇所を写真に撮ります。次のステップとして、2つのものがあります。

第1の方法は、新聞記事の場合と同じように、グーグルフォトに保存してタグをつけておくことです。

第2の方法は、内容ごとに、グーグルフォトのアルバムにまとめることです。つぎに、グーグルドキュメントに目次のページを作ります。そして、グーグルフォトのアルバムにある写真にリンクを張ります。こうして、目次にある構成に従った写真メモを組み上げていきます。

なお、これらがある程度成長したら、どこかで手書きメモをテキストファイルに直す必要があります。

このようにして、これまで悩まされ続けてきた紙情報の扱いが、能率的にできるようになりました。

ただし、現在では、紙に書かれている（あるいは印刷されている）文字を自動的に認識して、それで検索してくれるまでには至っていません。したがって、写真を撮っただけでは完結せず、右に述べたような手続きが必要です。

グーグルレンズなどのOCR（文字認識）機能が使えれば、この作業を自動化できるのですが、現在のところ、グーグルレンズは手書き文字を正確に読めるまでにはなっていません。したがって、この作業は手作業で行なうしか方法がありません。

近い将来に、写真を撮るだけで、その内容を認識して検索してくれるようになるでしょう。それまでは、悪戦苦闘が続くことになります。

3. 写真のメモを検索できるか?

メモの写真は自動的にはアルバムにしてくれない

以上では、写真に撮った新聞記事、資料、メモなどについて、タグをつけたり、アルバムにまとめたりすることを考えました。

ただ、もっというなら、目的の写真を、キーワード検索によって即座に引き出せるようなシステムが望まれます。

グーグルフォトは、アルバムを自動的に作ってくれますが、それは主として人間の顔についてのもので、写真の属性に沿ってアルバムを作ってくれるわけではありません。例えば、新聞記事だけを自動的にアルバムにするということは、現状ではできません。

すでに述べたように、「メモ」というアルバムを作り、そこにメモ写真を手動で入れるということは可能です。ただし、これもかなり面倒な作業です。

AIによる画像認識を利用して、写真を検索する

ところが、アルバムを作るのと同じこと（あるいは、もっと効率的なこと）が、実に簡単にできるのです。これはＡＩによる画像認識機能を利用した方法で、ごく最近可能になったことです。そして、きわめて応用範囲が広い重要なノウハウです。

その方法を以下に説明します。

グーグルフォトでは、不完全ながら、画像の検索が可能になりつつあります。すでに、人物については、顔を認識し、個人ごとのアルバムを自動的に作成してくれます。また、「花」、「山」、「川」、「海」、「建物」などが写っている写真も検索します。さらに撮影地を検索ワードとして入れると、正確に該当写真を引き出します。この機能を使うと、メモ、名刺、新聞記事、領収書などの写真を検索し、整理することができます。

この検索機能はまだ不完全であり、本来引き出すべきものを引き出さないなどの問題がありますが、うまく使うと、かなりの整理能力を発揮します。

紙のメモ用紙に「メモ」と書いておく

第1の方法は、紙のメモ用紙に「メモ」と書いておくことです。

場所はどこでも構いません。手書きで構いません。ただし、読めるようにはっきりと書きます。いくつも書いても構いません。

このメモ用紙にメモを書き、それを写真に撮ります。これは直ちにグーグルフォトに格納されます。格納された段階で検索をしてみましょう。

画面上部にある検索ウィンドウに「メモ」と入れると、いま撮影した写真を含み、「メモ」と記入されている写真が日付順に表示されます。そこで日付を頼りにして、目的のメモを見つけ出すことができます。

このように、グーグルフォトは手書きの文字であっても、ある程度は認識してくれるので、それをタグとして用いて、写真を検索できるわけです。ただし、どんな文字列でも認識してくれるというわけではありません。

「メモ」、「ＭＥＭＯ」などという文字列は認識します。２０２０１０など、日付を表す数字を入れても認識してくれます。また、人名を検索キーワードにすると、その人の写真をすべて表示します。

第２の方法は、「メモ」、「ＭＥＭＯ」、「超メモ帳」などと印刷された文字と一緒に撮影することです。印刷された文字は、手書きの文字よりは、確実に認識してくれます。

メモや新聞記事などを引き出すための検索語

グーグルフォトを開き、上にある検索ウィンドウに「paper」と入力します。すると、メモ、名刺、新聞記事、領収書などの写真を、日付ごとに引き出してくれます。写真の画像に「メモ」とか「新聞」という文字がなくとも、引き出します。

そこで、この中から、日付や画像を頼りに、目的の写真を見いだすことができます。ずっと以前に撮った写真でも引き出してくれるので、便利です。

検索語としてどのようなものを選ぶかで、結果に差があります。

一般的にいうと、同一概念であっても、日本語のキーワードよりは、英語のキーワードのほうが、引き出す写真は多くなるようです。

例えば、「paper」でも「紙」でも大体同じ対象を引き出しますが、「paper」のほうが引き出す写真が多いように思えます。

メモ、名刺、新聞記事、領収書などを引き出すための検索語として、かなりうまく機能するものとしては、「paper」の他に、つぎのようなものがあります。name card（name cards では機能しません）、memo、receipts、名刺、メモ、領収書、新聞など。

機能しない検索語も多い

「山」という文字が入っているメモを検索しようとして「山」を検索語として入力すると、

山が写っている写真を引き出してしまいます。「花」、「川」、「海」などについても同じです。

また、「札幌」などの地名を検索語としても、札幌で撮影した写真を引き出してしまい、写真に「札幌」という文字が写っている写真は引き出しません。

そこで、写真に写っている文字を検索したい場合には、抽象的な言葉、あるいは数字を選ぶのがよいでしょう。

名刺にある人名や企業名を検索語として入力すると、うまく引き出す場合もありますし、「一致する結果はありません」になってしまう場合もあります。

また、メモに「ああああ」などのメタキーワードが書き込んであっても、「一致する結果はありません」になります。多分、グーグルフォトの辞書に、この言葉が登録されていないからでしょう。

このように、現在のところ、キーワードによる写真検索はかなり限定された機能のものですが、この機能は急速に進歩しているため、近い将来に、さらに便利に使えるようになるでしょう。

写真メモは、漫然と眺めていても意味がある

以上では、検索などの方法により、写真で保存した情報を後から見いだす方法について述べました。

写真メモは、こうした方法以外にも利用法があります。

ピンポイントで目的の写真を見いだすのでなく、時間があるときに、記録した写真メモを漫然と眺めるのです。とくに、「質問」を出す必要があるとき（つまり、アイディアが出てこないとき）に開いて眺めるのは有効です。

重要な記事やメモを見いだすことがあるかもしれません。それがきっかけになって新しいアイディアが発展していくこともあるでしょう。

いまは忘れてしまったけれどもかつては重要と判断したことが残されているのですから、万人用の「重要ニュース一覧」の類《たぐい》よりはずっと役に立つことは間違いありません。

なお、機密にする必要のある情報（パスワードなど）を、このシステムで保存することには、慎重である必要があります。デジタル形態で保存する場合には、グーグルフォトにはアップせず、外付けハードディスクに記録し、これを通常はインターネットから隔離しておくほうがよいでしょう。

第3章のまとめ

1．新聞記事は有用な情報源です。これを活用するには、つぎのような方法があります。

（1）見出しのリストを作っておいて、本文はウエブ版を活用する

（2）記事の写真を撮っておく

（3）短い文章を書いて残しておく

2．自分のデータベースから検索することも重要です。

（1）Gmail はきわめて強力な資料アーカイブになっています。

（2）手書きのメモやノートも写真に撮って、検索したり編集したりすることができるようになりつつあります。

3．写真のデータの検索は発展途上の分野であり、つねにできるわけではないのですが、工夫によってかなりのレベルの検索が可能です。

第4章　アイディア農場

：アイディアの「たね」を育てる

どうしたら、アイディアを生み出し、それを育てることができるでしょうか？

まず、アイディアが生まれやすい環境を整備することが必要です。

それだけでなく、思いついたアイディアをすぐに捉《とら》えて記録し、いつでも引き出せる仕組みを作ることが必要です。この章では、そのための具体的な仕組みである「アイディア農場」を提案します。

＊

1. アイディアが生まれやすい環境を作る

問題設定と材料集めのつぎに必要なのは「答えを探す」こと

これまで検討してきたのは、つぎの2つです。

第1は、問題やテーマを探し出すこと、あるいは、質問を考え出すことです。プロジェクトを決めることといってもよいでしょう。これについて第2章で述べました。

第2は、資料やデータを探し出し、集めることです。これは、「材料集め」といえるでしょう。これが、第3章で述べたことです。

つぎのステップは、「問題」あるいは「質問」に対する「答え」を探すことです。この章では、その過程を考えます。

アイディアを生み出すための2つの条件

頭の中にある知識のストックと、外から来る情報（書籍情報、新聞記事、ブレインストーミング、自分がメモした情報）とが反応することによって、新しいアイディアが生まれます。

アイディアは、人間の頭の中で浮かんできます。

これを自動的なプロセスで代替することはできません。いかにＡＩ（人工知能）が進歩しても、基本的なアイディアは人間が生み出すのです。

ただし、そのための条件を整備することは可能です。具体的には、つぎの2つです。

第1は、アイディアが生まれやすい環境を作ること。

第2は、浮かんできたアイディアを逃さずに捉える仕組みを作ること。

第1の「環境整備」については、古来さまざまなことがいわれてきました。それらは、いまでも重要です。それらについて、私の経験も踏まえて、つぎの項で述べます。

20年くらい前までであれば、アイディアの生産についていえるのは、ここまででした。ところが、ITの進歩によって、第2の条件を整備することが可能になりました。仕掛けや仕組みを作ることができるようになったのです。アイディアの生産を完全に自動化できるわけではないのですが、かなりシステマティックに行なうことが可能になりました。これについて、本章の2で述べます。

現在すでに、先端的なIT企業であれば、AIを用いてアイディア生産をサポートできるようになっているでしょう。新聞記事などでは、AIが書くものがすでに登場しています。個人でも、以下に述べるように、かなりのことができるようになっています。

原料を頭に詰め込んで歩く

アイディアが生まれやすい環境整備の第1は、関連する情報を頭に詰め込んでおいて、歩くことです。

ただ漫然と歩くだけでは何も浮かんできませんが、事前にいろいろな情報が詰め込んであると、歩きながらそれについて考えることになるので、頭に詰め込んでおいた情報がいろいろに関連付けられ、そこから新しいアイディアが生まれます。

いわば、「問題意識を持って歩く」のです。これは、きわめて有効です。歩かないにしても、机に向かって仕事をしているときに、ひと休みで立ち上がるときに、アイディアが浮かぶことがあります。

第2に、寝入りばなに、あるいは朝起きたときに、アイディアが浮かぶことがよくあります。この場合も、寝る前に情報を詰め込んでおくことが必要です。寝ている間にも脳は活動していて、詰め込んでおいた情報のさまざまな組み合わせを試みているのでしょう。

昔から、「朝起きたときに素晴らしいアイディアを思いついた」といっている人がたくさんいます。人間の脳は、そうしたメカニズムを持っているようです。

数学者のフォン・ノイマンは、朝起きると、ベッドサイドに置いてあるメモ用紙に突進したそうです。作曲家シューベルトも、寝ている間に曲想が浮かぶことが多く、起きるとすぐに、枕元に置いてある五線紙にメモしたそうです。極度の近眼である彼は、すぐにメモが取れるように、寝ている間も眼鏡を掛けていたといわれています。眼鏡を捜している間にせっかくの曲想が逃げてしまっては大変、と思ったのでしょう。

人間の脳の、このメカニズムを利用する仕組みを作れるかどうかは、非常に重要です。

このメカニズムを利用するために重要なのは、第1には、寝る前にテレビなどを見て、余計な情報を頭にためておかないこと。第2は、朝起きたときに浮かんだアイディアを、忘れないうちに捉えられるようにメモの用意をしておくことです。これについては、次項で述べます。

アイディアを生み出す環境整備として第3に重要なのは、集中できる時間帯を確保することです。逆にいえば、1日中来客を接待しているようでは、アイディアが浮かぶ暇はありません。

「スキマ時間の活用」ということがよくいわれます。確かにスキマ時間でできることも多いのですが、本格的なアイディアの製造のためには、スキマ時間だけでは不十分です。一定の時間帯を集中的に用いる必要があります。

2. 思いついたアイディアを逃さずに捉えておく仕組み

思いつくがすぐに忘れる

人間は実にさまざまなことを考えています。しかも、アイディアが脈絡もなく突然現れることがあります。あるいは何か仕事をしていれば、それに関するアイディアが生まれてくることもよくあります。これを逃さずに捕まえることが重要です。そして、後からそれを引き出せるような仕組みを作っておくことが重要です。このための手段がメモなのです。昔から、天才はメモをしました。

しかし、これまでのメモの手段にはさまざまな問題があり、この目的のためには不十分なものでした。

いまは、ＩＴを利用して強力なメモ帳が作れます。これによってアイディアをうまく捉え、成長させていくことが必要です。

将来の自分に伝達することが必要

人間の記憶能力はきわめて弱く、考えていたことをすぐに忘れてしまいます。

数週間経てば、自分自身が別の人間になってしまうようなものです。このため、せっかく優れたアイディアを思いついても、それを発展させることができないのです。こうした状況に対処するには、他の人にも分かるきちんとした文章を、自分自身に対して残しておくことが必要です。

第２章の３で述べたように、しばらく前に書いたアイディアメモを見て「素晴らしいアイディアだ！」と思うことがしばしばあります。過去に考えていたこと、あるいは入ってきた情報で、活用されていないものが非常にたくさんあることが分かります。そこで、残したメモを後からすぐに引き出せるような仕組みを作っておくことが必要です。

簡単に書き留められて、しかも見失わないシステムを作る

思いついたアイディアを逃さずに捉えておく仕組みを作るための具体的な方法を、以下で述べます。

ここで対象にしているのは、アイディアの断片、あるいは、成人していない子供段階のアイディアです。表現も適切でないかもしれないし、別のメモに書いてあることと重複しているかもしれません。

このような問題があるにせよ、とにかく書き留めるのです。

これが「アイディア農場」です。アイディアの「たね」を殺さずに、芽を出せるようにする仕組みだと考えてもよいでしょう。あるいは、「家なき子」を迷子にしないようになんとか手をつないでおく仕組みだと考えてもよいでしょう。

グーグルドキュメントの多層システムを利用する

アイディアは、グーグルドキュメントにメモします。

すぐに処理できることが明らかな場合には、タイトルもつけないファイルに記入してもよいでしょう。このファイルは、作成直後はファイル一覧画面の上部にあるため、すぐに見いだすことができます。

しかし、すぐ処理できない場合には、後から引き出せるようにしておく必要があります。なお、アイディアは、第５章の構造を作った後にも生まれます。この場合には、すでに体系ができあがっており、アイディアを書き込むべき場所が決まっているので、比較的簡単です。そのファイルの該当箇所にコメントの形で挿入しておけばよいのです。

ところが、多くのアイディアはこれ以前の段階で発生します。この場合には書き留める場所がありません。このため、アイディアは「家なき子」になってしまいます。

ファイルは時間が経つにつれて、タイムラインの下のほうに沈んでいって、見えなくなってしまいます。そこで、これをつなぎとめることが必要です。

キーワード検索で引き出せるときもありますが、成功しないときもあります。キーワードがよく使われる言葉では、あまりに多くのファイルがヒットしてしまうからです。

ルートファイルからリンクをたどっていけば見失うことはありませんが、すべてのアイディアについてこれを行なうのは、面倒です。そこで、第１章の４で述べた「多層ファイリングシステム」を少し修正することにします。

コメントの形でメモを作る

具体的には、つぎのようにします（図4－1参照）。

（1）グーグルドキュメントに、「アイディア農場ファイル」というルートファイルを作ります。これは、図4－1では第1層に示してあります。ここに、思いついたアイディアのタイトルを記入します。例えば、「日本経済」、あるいは、「ファイルの管理」など。

（2）「ファイルの管理」についてのアイディアのタイトルを、「アイディア・タイトル」の層に書きます。例えば、「アイディアの断片」など。

（3）「アイディアの断片」について思いついたアイディアがあったら、このタイトルを選択し、「コメントを挿入」を選択します。

（4）コメント記入欄が開くので、そこに文章やデータを記入します。この作業は、リンクを張る必要がないので、簡単にできます。なぜアイディア・タイトル層に直接アイディアを書き込まないのでしょうか？　そうすると一覧性（目次性）がなくなるからです。コメントにするのは、アイディア・タイトル層の一覧性を維持するためです。

図4−1　3層アイディア農場

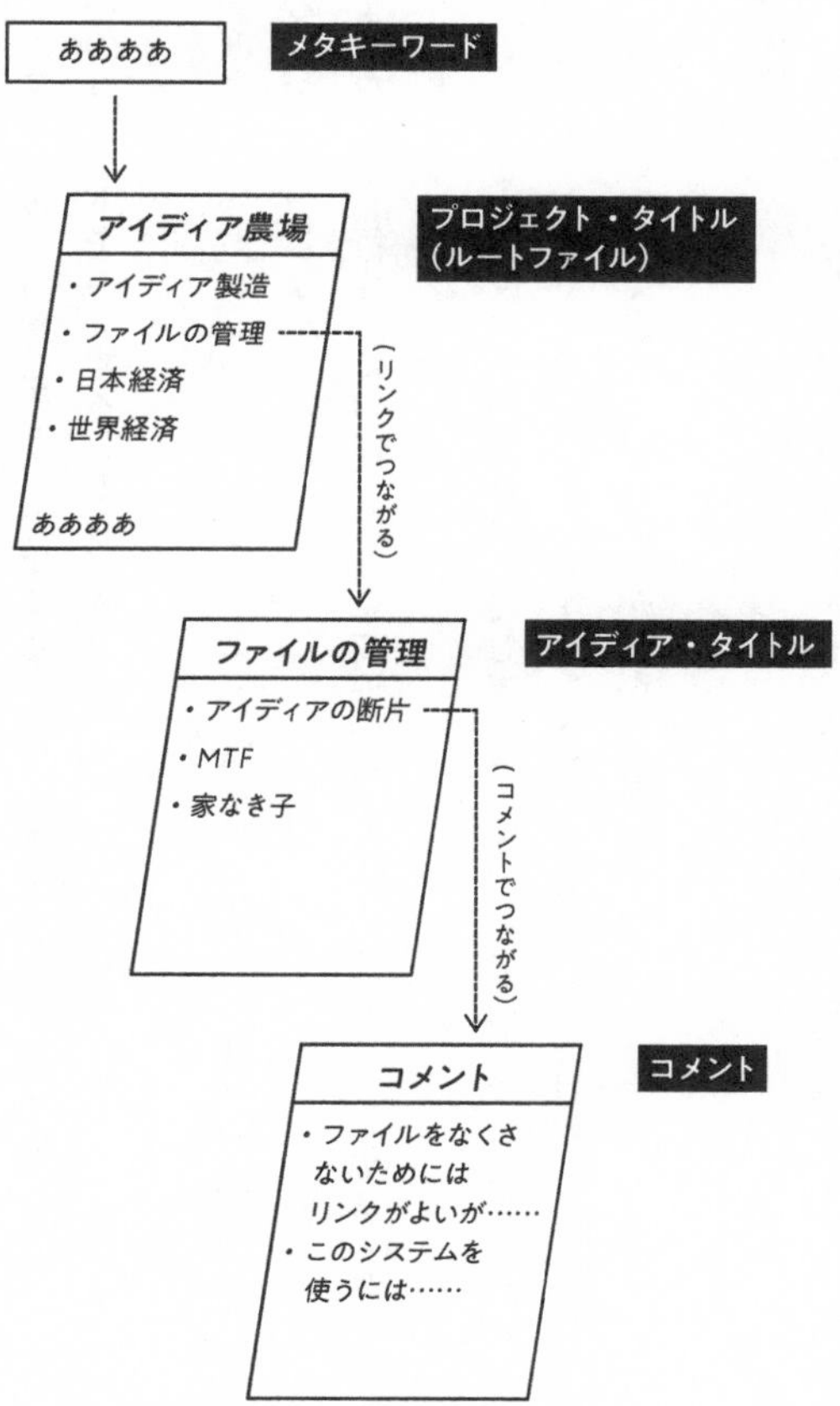

（5）なお、記入が終了したら、右上の✓マークを押して終了します。この操作を行なわないと、作成したファイルが保存されません。
（6）このファイルの内容を後から編集するには、「編集」を選択します。
（7）別のコメントを追加することもできます。

ある程度まとまったら（つまり、アイディアが「成人したら」）、独立した別個のファイルにまとめるのがよいでしょう。

このような作業を行なうために、第5章で述べる全体の体系作りを、できるだけ早い時点で行なってしまうのがよいでしょう。

思いついたことを本文に直接書き込んでしまうと、すでに完成した部分とこれから編集すべきことを区別できなくなってしまいます。コメント方式にしておけば、そこは将来編集しなければならない場所であるということが分かります。

リンクを張る

こうして作ったメモを後から確実に引き出せるようにするため、つぎのようなファイルシステムを作ります。

（a）「アイディア農場」という名称のルートファイルを作ります。これは、図4－1の第1層に示してあるファイルです。このファイルには、「あああ」というメタキーワードを書き込んでおきます。

（b）ここに、執筆している書籍名、または連載名、またはプロジェクト名などを記入します。例えば、「ファイルの管理」など。

（c）このファイルから、右記（2）の各ファイルへのリンクを張っておきます。

このシステムでは、リンクを張る作業は、第1層から第2層までの1回だけです。したがって、あまり面倒ではありません。このために、スムーズに機能します。

後から引き出すには

目的のファイルを後から引き出すには、つぎのようにします。

（a）まず、「あああ」というメタキーワードを入力して、ルートファイルである「アイディア農場」を開きます。あるいは、メタインデックスからリンクをたどって開きます。

（b）そこに記載してあるプロジェクト名などを選択し、「リンクを開く」で、第2層であるアイディア・タイトルファイルを開きます。例えば、「ファイルの管理」を選択し、開きます。

原稿が徐々にできあがる

このシステムは、さまざまな断片的で脈絡のないメモを管理するために、便利に使えます。これは自分自身との対話のプロセスともいえます。

ここで例示したような3層構造では、各層に10項目ずつ作れば、1000個程度のアイディアを混乱せずに管理できます。このプロセスは、いくらでも長くしていくことができます。しかも、いかに長くなっても、管理が難しくなるわけではありません。

この機能を利用して、原稿を徐々に書き加えていくことができます。

音声認識で書き入れていくことにすれば、本を書くのは机に向かって行なうのではなく、歩きながら、あるいは寝そべったままで行なうのが一番よいことが分かります。

それらを編集するときのみ、机に向かってPCを起動すればよいのです。

この方法と第5章の方法を組み合わせると、ほぼ自動的に本を書き上げていくことができます。

ただし、編集の作業はかなり時間を使う大変な作業になります。

多すぎるファイルを心配する必要はない

以上で述べたような処理をすることには、多くの人が抵抗を感じるかもしれません。それは、つぎのようなことが心配になるからでしょう。

あまりに大量のファイルができてしまって、不都合が生じるのではないか？　容量がいっぱいになってしまうのではないか？　あるいは、検索をする場合に遅くなってしまうのではないか？

しかし、これは従来のデータシステムを使っていたときに生じる問題であって、いまやこうしたことに思い悩む必要はありません。

まず容量についていえば、ここで作っているのはテキストファイルなので、全く無視できるほどのものです。そして、検索はクラウドで行なっているため、ファイルの数がいくら多くなったところで、検索速度が落ちるなどの影響は受けません。

このことを実感するためには、Gmail の送受信記録を検索してみればよいでしょう。Gmail を数年間使っていれば、膨大な数の情報が格納されています（私の場合には、13ＧＢ

程度になっています）。しかし、そこから検索するのは一瞬でできます。

グーグルドキュメントについても、グーグルドライブの中で同じように処理されているのですから、同じことになります。

「情報量が多くなったら大変だ。処理しにくくなる」というのは、古い考えです。この考えから脱却することが重要なのです。

試行錯誤の結果たどり着いた方法

何の脈絡もなく、また、前触れもなく、突然新しい考えが浮かぶことがあります。これらをどう処理し、育てることができるか？　これが、長年の課題でした。

例えば、新聞記事などを見ていて、興味があるテーマを見いだしたとき、それについての自分の考えが浮かぶことがあります。どこかに書き留めておかなければ忘れてしまうことは、間違いありません。

問題は、書き留めたとしても、書いたこと自体を忘れてしまうことです。あるいは、書いたことは覚えていても、どこに書いたのか忘れてしまいます。

このようなアイディアが埋もれてしまわないようにするには、どうしたらよいのか？　このために、これまでさまざまな方法を試みてきました。

まず行なったのは、考えついたら、とにかくグーグルドキュメントを開いて、記入する方法です。

そのファイルに、つぎのようなキーワードを入れておきます。

・内容を示すキーワード。例えば、「ビッグデータ」
・あああ

普通われわれは「検索する」ことを考えますが、これは「検索される」ための工夫です。ただし、普通、「検索されるための工夫」ということで意味されるのは、「記事がウエブで目立つようにバズワードを使ったり、タグをつけたり」ということです。ここでいうのは全く別のことで、自分自身が作っているデータベースにおいて、後から必要なものを的確に検索できるようにする体系を作ることです。

検索する場合には、これらのキーワードの and 検索をします。この方法は最初はうまく機能していたのですが、ファイルの総数が数百を超えてくると、うまく機能しないようになってきました。あまりに多数のファイルがヒットしてしまうのです。

そこで、右に述べた方法を作り出したのです。

3.「たね」から「作物」を作る

「たね」＝考えの断片

「考えの断片」とは、短ければ150字程度のものです。つまり、ツイート程度のものです。ただし、場合によってはもっと長くなることもあるでしょう。

考えの断片を失わず、関連のあるものを関連付け、そしてひとまとまりの論考に仕上げていく作業が必要です。

「作物」＝「基本ブロック」＝まとまった論考

「作物」とは、これらいくつかの断片を関連付け、まとめ上げて作った1つの論考です。

「たね」から「作物」を作るのが、「アイディア農場プロジェクト」で行なおうとすることです。

なお、このようにまとまった「作物」のことを、第5章では「基本ブロック」と呼んでいます。これは、論述を公表する場合の最小単位です。

基本ブロックはどの程度の分量でしょうか？

この大きさがどの程度のものかは、第5章で改めて考えますが、独立した主張や指摘になるためには、１４０字では少なすぎます。最小限５００字程度が必要です。また、１５００字程度を超えたら、別のビルディングブロックにするのがよいでしょう。

これは、書籍でいえば、章、節の下に位置しているまとまりです。本書では、小見出しを付けることで示しています。これを「項」ということにしましょう。

５００字程度以上のものであれば、それを公開することによって育成していくことも可能です。これは苗木が太陽光を浴びて生長していくようなものです。

そして、最終的には、11万～15万字程度のもの、つまり、１冊の本になります。

「たね」から「作物」を作るには

考えの断片である「たね」は、１５０字程度のものです。これらの多くは、体系付けられておらず、バラバラで孤立的なものです。それだけでは、完成された１つの論考にはなりません。

それを「作物」に、つまり、１つのまとまった考えに成長させるには、どうしたらよいでしょうか？

それは、アイディアの素《もと》である「考えの断片」を関連付けることによります。アイディアは、考えの断片の結び付けと関連付けから生じます。この作業は、基本的には、頭の中で行なうしかありません。このプロセスを自動化し定式化することはできません。

しかし、頭の中に置いておくだけでは、忘れてしまいます。それらをうまく記録して残し、他の断片と関連付けることによって、新しいアイディアが生まれる仕組みを作ることが必要です。ここで構築した仕組みを利用すると、頭の中で行なうプロセスを補助することができます。

メタキーワードとキーワードの組み合わせで関連のある断片を見いだす

かつてメモしたアイディアの断片を、他の断片と関連付けることによって、新しいアイディアが生まれることもあります。それを、メタキーワードとキーワードの組み合わせで見いだすことができます。

具体的な例で説明しましょう。

例えば、「ブロックチェーン」というキーワードで検索をします。すると、ブロックチェーンについてこれまで書いた文章がいくつも出てきます。それらを結び付けることによって新しい発想が可能になります。

ただし、これだけではあまりに多数の文章がヒットしてしまって、扱いが大変です。そこで、「あああ　ブロックチェーン」という検索をします。ここで、「あああ」とは「アイディアメモ」についてのメタキーワードで、後で使えそうな文書に付けているものです。こうすると、ヒットする文書の数はずっと少なくなります。そこには、新しいアイディアの素になりそうな考えが書かれている可能性が強いので、それらをいくつか関連付けることによって、新しいアイディアが出てくることが期待されます。

一見してゴミと見えるものの中から、金が見つかることもあります。

なお、Gmail の通信ログに対しても同じことができますが、雑音があまりに多いので、特別な対象（出版社に送った原稿など）以外には、あまり機能しません。

メタキーワードによるアイディアの看板付け

右で述べたような関連付けが可能になるのは、元の文書に、「あああ」というキーワードが書き込んであるからです。

これは、後からつけることもできます。例えば、「ブロックチェーン」というキーワードで検索すると多数のファイルが出てきますが、その中からアイディアが含まれているものを抜き出して、それに「あああ」というキーワードを加えることもできます。

また、重要度の高さを区別することができます。例えば、「あああ」は通常の重要度のもの。それに対して、重要度がきわめて高いものには、「あああああ」とつけます。「あああ」で検索して多すぎるファイルがヒットする場合には、つぎに「あああああ」で検索すれば、ヒットするファイルは少なくなります。「あああああ」で検索すれば、さらに限定されることになります。

メタキーワードの役割

文書をローカルな端末（ＰＣ）に保存する場合、普通は、内容ごとに区別されたフォルダに入れます。

グーグルドキュメントなどのクラウドに保存する場合の1つの問題は、このようなフォルダによる分類があまり便利にできないことです。フォルダは作れるのですが、1層しか作れないため、あまり有効に機能しません。

そこで第1章の4で提案した多層ファイリングを作ることになります。

ところが、メタキーワードを用いると、多段階のフォルダ分けと同じ結果が実現されることになります。右で述べたように「and 検索」が行なえるので、フォルダ分けよりは便利に使えます。

メタキーワードはたくさん作らない

「あああ」のようなメタキーワードをあまりにたくさん作ると、キーワードを忘れてしまいます。

そこで、メタキーワードは、できるだけ少なくします。

私は、つぎの４つしか作っていません。

「あああ」　アイディア
「いいい」　保存すべき記録
「ううう」　メタインデックス
「えええ」　画像

4．デジタルとアナログの区別があいまいになってきた

紙にメモする方法の問題点

以上で述べた方法は、アイディアをデジタル情報として処理するものです。

これに対して、「紙のメモのほうが便利だ」という考えを持っている方が多いかもしれません。

実際、最初の書き出しは、紙に書くほうが簡単な場合もあります。また、食事のとき、会議の最中、人と面談しているときなどは、音声入力を使いにくいので、紙に書く場合が多いでしょう。

しかし、紙にメモする方法には、つぎの2つの問題があります。

第1に、いつでも紙を持っているわけではないこと。紙を探しているうちにアイディアを忘れてしまうこともあります。

第2に、紙に書いたメモは、すぐに紛失してしまいます。乱暴に書いたものは、後になって読めなくなる場合もあります。

そこで、紙に書いたメモは、できるだけ早く音声入力します。そうすれば、簡単にデジタル情報に変換することができます。

しばしば、「手書き派」と「デジタル派」の区別がいわれます。

しかし、第3章の3でも述べたように、コンピュータのパタン認識能力が発達してくると、デジタルとアナログの区別があいまいになってきます。今後、画像認識能力がさらに高まってくると、手書き派とかデジタル派という区別がなくなってしまうでしょう。

関連付けて成長させるため「デジタル情報をクラウドに上げる」

ただし、以上で述べたのは、人間とコンピュータのインターフェイスのことであって、いったんコンピュータの中に入った情報（デジタル情報）が、手書き情報に比べて圧倒的に強力であることは、いうまでもありません。

さまざまな断片的な考えを組み合わせ、関連付け体系付けていくためには、まず、それらがデジタル情報になっている必要があります。紙の情報の場合、第3章の2のようにして編集しておいてもよいのですが、どこかの段階でデジタル情報に変換する必要があります。

しかも、デジタル情報を、ローカルな端末に置いておくのではなく、第1章の6で述べたように、クラウドに上げておく必要があります。クラウドに上げることによって、初めてそれらの考えの有機的な関連付けが可能になります。編集ができるし、検索ができます。

多くの人は、これまでの惰性で、デジタル情報をローカル処理しているために、能率が上がりません。情報はクラウドに上げなければ活用できないと考えるべきです。

第4章のまとめ

1．アイディアが生まれやすい環境を整えましょう。

（1）関連する情報を頭に詰め込んでおいて歩く。つまり、「問題意識を持って歩く」。

（2）寝入りばなに、あるいは朝起きたときに浮かぶアイディアを逃さずにキャッチする。

（3）集中できる時間帯を確保する。

2．思いついたアイディアはすぐに忘れてしまうので、これを逃さずに捉えておく仕組みを作る必要があります。それが、「コメント式アイディア農場」です。そのために、グーグルドキュメントに多層構造のファイルを作ります。ここに、コメントの形で新しいアイディアを書き込んでいきます。リンクを張る必要がないので、手軽に新しいアイディアを付け加えられます。これによって自分自身との対話を繰り返していくと、ほぼ自動的に本を書くことができます。

3. 「たね」＝「考えの断片」とは、短ければ150字程度のものです。「作物」＝「基本ブロック」とは、まとまった論考です。最低500字程度。普通は、1500字程度です。いくつもの「たね」を関連付けて「作物」を作るのが、「アイディア農場」の目的です。

4. かつてメモしたアイディアの断片を、他の断片と関連付けることによって、新しいアイディアが生まれることもあります。それを、メタキーワードとキーワードの組み合わせで見いだすことができます。この仕組みで重要なのは、「どうすれば検索されやすくなるか」です。ファイルの数が増えていくことを心配する必要はありません。

5. 最初の書き出しは、紙に書くほうが簡単な場合もあります。しかし、紙にメモする方法には、問題があります。アイディアを成長させるには、できるだけ早くデータをデジタル情報にして、クラウドに上げる必要があります。もっとも、コンピュータのパタン認識能力が向上したため、紙のメモや写真などのアナログ情報も、デジタルで処理することが可能になりつつあります。

第5章　アイディア製造工場
：アイディアを組み立てる

*

思いついたアイディアを、バラバラのものでもよいから、第4章で述べたアイディア農場で育てていきます。ある程度まとまったものが、「アイディアの基本ブロック（作物）」です。これは、1000～1500字程度のものです。

これらを組み上げて、書籍という「アイディアの体系」にします。これは、11万～15万字程度のものです。

本章のテーマは、「アイディアのブロックを書籍に組み上げていくにはどうしたらよいか？」ということです。これは、アイディアの構造を作る作業であり、工場でいえば、部品を組み立てて機械を作っていく過程です。

1. 基本ブロックと全体の分量はどの程度か？

単行本の字数は11万～15万字程度

まず最初に、個々のブロックや、それらを組み上げて作ろうとする書籍について、分量の目安を把握しておきましょう。

つまり、「アイディアの最小限の単位はどの程度か」、「これらを全体として1つの体系(例えば書籍)にするには、どの程度の数が必要か」といった目安を把握するのです。

最初に、1冊の本の総字数がどの程度かを確認しておきましょう。

四六判《しろくばん》と呼ばれる単行本の場合、いくつかの組み方があります。1行43字で1ページ16行の場合、1ページの字数が688字になります。これが250ページだと、約17万字になります。280ページだと約19万字です。

1行40字で1ページ15行の場合だと1ページの字数が600字になります。これが250ページだと15万字、280ページだと約17万字になります。

これから、単行本の字数は、およそ15万〜19万字と考えてよいでしょう。

ところで、字数の数え方は、スペースの扱いによってかなり変わります。ワードプロセッサの「ワード」などによる字数カウントは、改行などによる空白スペースをカウントしないため、これより少なめになります。

場合によって違いますが、右に見た行数での計算の場合の1・4〜1・5分の1ほどになっている場合が多いと思われます。つまり、前述の値はワードのカウントの文字数を4割程度増したものになります。

したがって、ワードのカウントでいえば、単行本の字数は11万～15万字程度ということになります。

ブロックの字数は1500字程度

他方で、アイディアのひとまとまりの単位であるブロックの字数は、どの程度でしょうか？

第4章の3で「作物」という概念を提示しました。これは、本章で「ブロック」といっているのと同じものなのですが、その字数は1500字程度だといいました。つぎのように考えても、同じ結論になります。

単行本の場合、見開きに1つ程度の小見出しがあると読みやすくなります。これから考えると、1つのブロックを1000字程度にするのがよいと考えられます。

週刊誌の1ページは、1200～1500字程度です。また、新聞の論説がほぼこの程度の長さです。これから考えると、1つのブロックは、1000～1500字程度のものにするのがよいと考えられます。

ブロックは、1つのまとまった考えを示しています。1つの主張なり指摘なりとして、それだけを取り出しても意味があるものとなっているのです。

ツイッターの字数は140字までですので、「ツイッター10個分」程度が「基本ブロック」だということになります。

入学試験で（読解問題の）「長文」と呼ばれているものはこのくらいの分量です。

書籍の場合でいうと、第4章で述べたように、これが「項」になります。

グーグルドキュメントでこの字数の文章を iPad に表示すると、フォントサイズが11の場合に、ほぼ1つの画面になります。iPhone だと3画面分程度です。

iPad 1画面分の文章を作るというのは、ハードルが高いと思われるかもしれません。しかし、考えが頭の中にありさえすれば、音声入力をすることで、簡単に文章化できます。

なお、「1000〜1500字」というのは、あくまでも標準的な場合です。1つの目安にすぎず、この分量にこだわる必要はありません。実際には、かなりの幅があります。500字程度で1つのブロックになる場合もありますし、逆に1ブロックが3000字程度になる場合もあります。

ブロックを100個積み上げると本ができあがる

以上のことから、1冊の本は、およそ100個程度のブロックを組み上げることによって構成されることになります。

仮に1日1つの基本ブロックを作るとすれば、3ヶ月少々で1冊の書籍ができることになります。もちろん論述が重複しているところを調整したり、データや資料を調べたりという作業が必要なので、実際の所要時間は、これより長くなるでしょう。

以上では書籍を書く場合を考えましたが、会社で新しい事業についての構想をまとめる場合にも、同じ考え方を適用できるでしょう。ただしこの場合は、全体の分量はここで述べたのとは異なったものになる場合が多いでしょう。

なお、「個々のブロックをまず作ってからそれを100個集める」ということでは必ずしもありません。最初に骨組みを作って、そこにブロックをはめ込んでいくこともあります。全体が頭の中に入っていないと適切な構成ができません。この意味からも、仕事を続けていることが重要です。

1冊の本を2層構造で書くか、3層構造で書くか?

では、100個のブロックの積み上げを、どのような構成で行なえばよいでしょうか?いくつかの方法があります。例えば、全体を10の章に分け、各章は10の節に分けることで構成できます。

ただし、第１章の４で述べた、「マジカルナンバー・セブン」と呼ばれる法則に留意する必要があります。これは、「人間の認識能力には限界があり、対象の数が７個以上になると、個々を判別しにくくなる」という法則です。これを考えると、右の方法には、やや問題があります。

そこで、節の下にさらに「項」を作り、つぎのような構成にすることが考えられます。「全体を７つの章に分け、各章を４つの節に分ける。そして、各節は、３～４個の項で構成する」という方法です。

グーグルドキュメントで全体を2層または3層構造に

第１章で述べたグーグルドキュメントの多層構造で原稿を書いていく場合、つぎのような２つの方法があります。

（１）３層構造

第１の方法は、全体を３層構造にすることです。第１層は章の区別を示すファイルです。「目次ページ」と呼ぶことができます。ここに、７個程度の章区分が示されています。ここから、第２層である各章のファイルにリンクが張ってあります。各章ファイルに4つの節を示してあり、そこにリンクを張っておきます。第3層である各節には、3〜4個の項（ブロック）が含まれています。書き始めの頃は、あまり関連性のないブロックがあるだけなので、このようにまとめていくのがやりやすいでしょう。

（2）2層構造

しかし、これだと、章全体の一覧性が確保できません。そこで、第2の方法として、各章ファイルにブロック10個程度をまとめる方法があります。この場合は、全体は2層になります。各章は、2万字強になります。

3層構造と2層構造のどちらもありうるでしょう。

普通は、最初は3層にしてブロックごとに1つのファイルを作り、ある程度まとまってきたら2層構造に移行するという方法がよいのではないかと思います。

書籍が完成近くになってくると、文章の推敲《すいこう》を行なうことが多くなりますが、そのためにはグーグルドキュメントで行なわずに、それをコピーし、PCでテキストエディタで作業するほうが楽です。

このコピーを行なう際に、ファイルをあまりに分割していると面倒です。1つの章が1つのファイルになっているほうが作業を進めやすいでしょう。

最初は目次ページだけの場合も

すでに体系ができあがっている場合には、ブロックを体系の中に位置付けていきます。本章の３で述べるように全体の構造ができあがっている場合には、このような作業になります。この場合のブロック積み上げ作業は、比較的簡単です。

ただ、実際にはこうならない場合がほとんどでしょう。アイディアを作りながら同時に体系も作るということになります。とくに、新しい仕事に取りかかったときには、そうしたことになります。

最初のうちは目次ページに内容も書いておく場合もあります。その内容がだんだん大きくなってくると、それは独立したページにして、目次ページからリンクで連結させるようになります。

そのうちに目次ページは次第に目次だけになって、全体の骨格だけが示されるようになります。筋肉に相当する部分は独立して別のページになるわけです。

最初からかなりの内容のものがある場合には、目次ページからリンクします。

ただし、「第４章の作業が終わってから第5章に移る」というわけでは必ずしもありません。体系を組み直す場合もあるし、体系側の要請から、新しいブロックを作らなければならない場合もあります。こうして、「第4章の作業と第5章の作業が行ったり来たりになる」というのが普通です。

2. 「構造を作る」のが難しいのは「内容が多次元」だから

文章は1次元

ツイートを書くのは簡単です。ツイートの文章には「構造」がないからです。これは、いわば単細胞生物のようなものです。

しかし、基本ブロックや書籍はそうではありません。これらは構造を持っています。それをいかにして文章の形で表現していくかが、これから行なおうとする作業です。

文章は基本的に1次元の表現しかできません。つまり、糸をたどるように、順に連なっています。布のように平面的に広がってはいないのです。布は2次元の存在です。

口述する場合も1次元です（文章の場合よりも、1次元的性格が強いといえます）。

ところで、図を描けば、2次元の概念を示すことができます。立体模型を作れば、3次元の概念を示すことができます。しかし、これらは補助手段です。論述の基本は、１次元の文章によって示すしかありません。

小学生の文章は、１次元です。「朝起きました。顔を洗いました。ご飯を食べました」と、時間順の叙述になっています。大人が書く文章でも、日記は簡単です。構造を意識しないで、思いついたことを書き並べていけばよいからです。

しかし、多くの思想、主張、説明は、複数の軸から成り立っています。このため、１次元である文章に書くのが難しいのです。

歴史の叙述は比較的簡単

歴史の叙述は比較的簡単です。基本軸として「時間」があるからです。時間は１次元です。だから、それに沿って書いていけばよいのです。しかし、小学生の日記ほど簡単ではありません。

歴史でも、世界史であれば、時間別と国別（あるいは地域別）という２つの軸があるので、２次元になります。

この場合は、一定の時間帯を区切って、国別（あるいは地域別）に記述していくということになるでしょう。例えば、中世ヨーロッパ、中世アジア、近代ヨーロッパ、近代アジア、というような順で。こうすれば、個々の項目ごとには1次元になります。

ただし、この場合にも、内容は独立しているわけでなく、相互の影響があります。さらに、一国の歴史にも、さまざまな側面があります。例えば、政治、経済、国民生活、文化、外国との関係など。

そうなると、図5－1に示すように、時間軸、国別軸、項目別軸という3つの軸があるわけで、全体は3次元になるのです。しかも、これらの項目は相互に関連しています。

多くの場合に、論じている対象は2次元です。場合によっては3次元以上になることもあります。4次元になっている場合もあります。これを1次元の文章にどう並べたらよいのかが問題になるのです。

多次元の内容を処理するには

個々の要素がうまくつながるようにする必要があります。

論理的に正しく、また分かりやすい順序で並べ、重複のないようにするのです。

具体的には、つぎのことが問題となります（図5－2参照）。

図5-1　3次元の概念を1次元で表現する

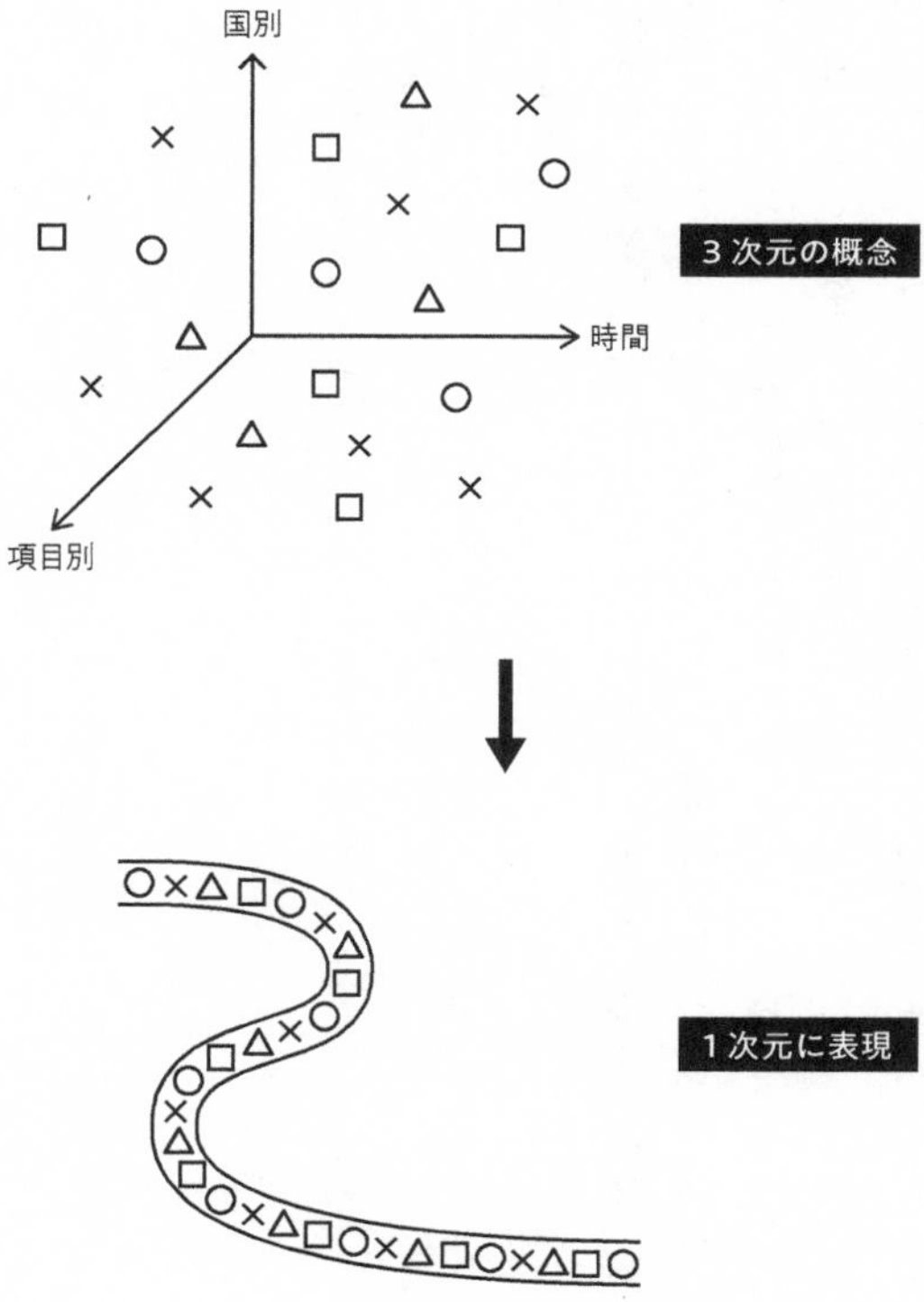

・順序付け
・グループ化
・重複の排除
・矛盾の排除

これがよくできていると、「読みやすい」、「すらすらと頭に入る」ということになります。逆にいうと、これがよくできていないと、「読めば読むほど頭が混乱する」といった文章になってしまいます。

頭の中でやるしかない

これが「構造を作る作業」、「組み上げていく作業」、「論点を整理する作業」です。しかし、これは決して容易なことではありません。私自身が日夜苦労し、奮戦していることです。この本を書くにあたっても、「なかなかうまく整理できない」と苦戦しています。

この作業は、頭の中で行なうしかありません。

これを自動的に行なうような仕組みは存在しません。将来もできないでしょう。

したがってこの作業を行なうためには、対象となる内容のすべてを自分の脳の中で、即座

図5-2　文章を一覧すれば構造が分かる

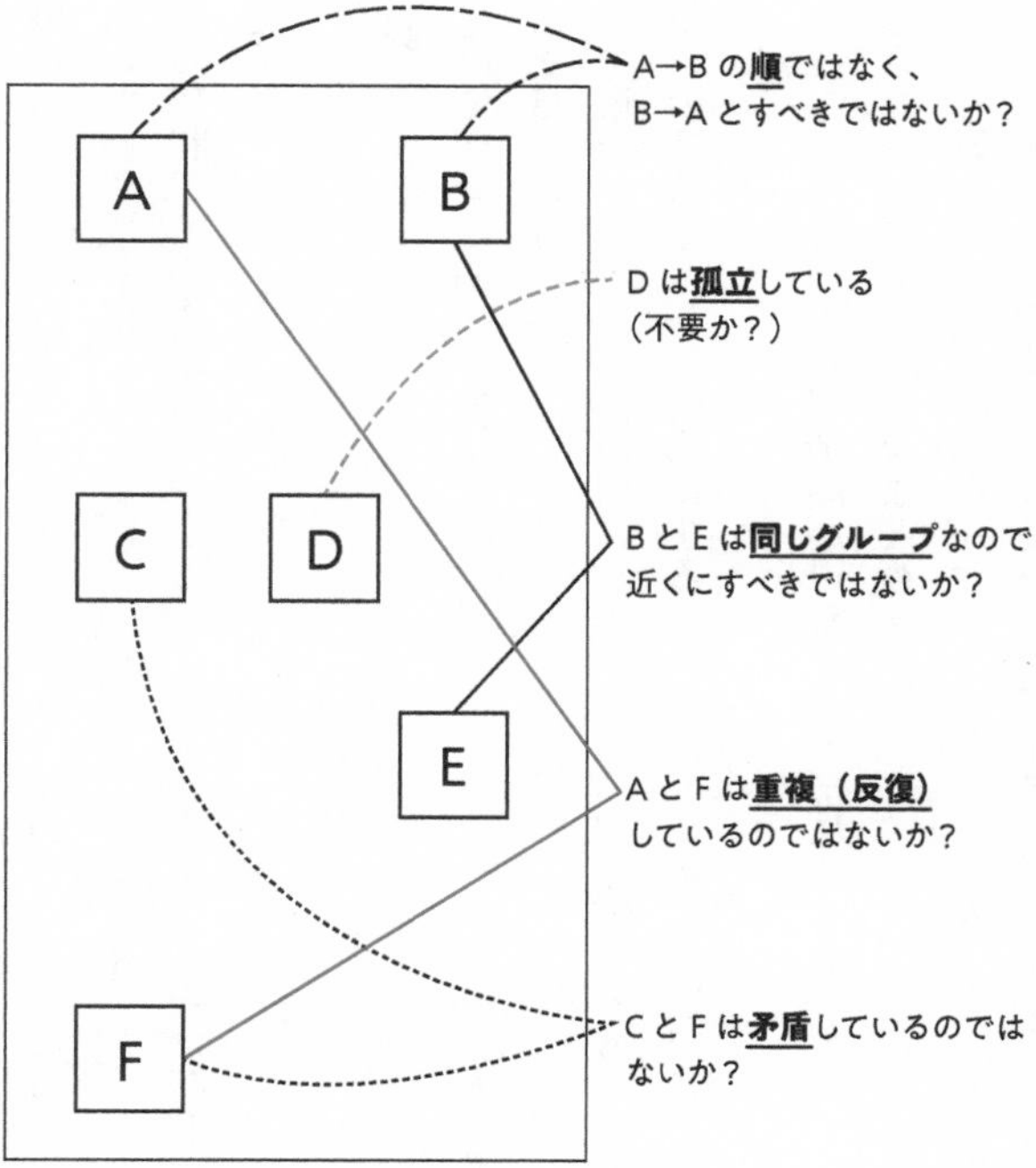
A→B の**順**ではなく、
B→A とすべきではないか？
A
B
D は**孤立**している
（不要か？）
C
D
B と E は**同じグループ**なので
近くにすべきではないか？
E
A と F は**重複（反復）**
しているのではないか？
F
C と F は**矛盾**しているのでは
ないか？

にアクセスできる状態にしておかなければなりません。コンピュータの場合に、ランダムアクセスメモリに入っていなくてはならないのと同じです。外部メモリからいちいち取り出すのでは、この作業ができません。

したがって、一定の時間、この作業に集中することが必要です。スキマ時間の細切れ作業ではできないことです。

ブロックを正しく関連付ける

ブロックを関連付ける作業は頭の中で行なわなければならないにもかかわらず、全体を頭の中に取り入れることはなかなか難しいのです。

そこで、作成した文章をコンピュータのスクリーンで見て、作業をすることになります。さまざまなブロックの関連を正しい構成にするためには、全体が一覧できるようになっていなければなりません。

このため、あるところまで行ったら、全体が一覧できる形にします。眼に見える形で体系立った構成に考えをまとめます。

こうした形でまとめられれば、どこで論理がつながっていないか、どこが弱いか、どこが補強すべきところかが分かります。また、新しいアイディアを思いつくこともあります。

さまざまな要素のつながりを図示することは、しばしば重要です。図は、読者への説明の道具として用いられます。もちろんそれは重要な用途ですが、それだけではなく、自分自身がさまざまな概念の関係を理解するためにも有用な手段なのです。

1枚の図では、普通は2次元の関係までしか表示できません。しかし、投影図を描くことによって、3次元の関係を表示することも可能です。また、2次元の図を複数枚作ることによっても、3次元の関係を表せます。

多数のデバイスを同時並行的に使う

一覧性（目次性）がある画面で見れば、文章を2次元的に見ることができます。

スマートフォンでは、一覧するのは困難です。スマートフォンだけでは、1次元の文章しか作ることができません。最も一覧性が高いのは、iPad だと思われます。

非常に大きなディスプレイが作られれば編集作業は楽になると考えられますが、そうしたものは、なかなか難しいでしょう。

この問題を克服するため、いくつかのデバイスを同時並行的に使うことが考えられます。

例えば、「スマートフォンをマイクにして音声入力し、その結果を iPad のディスプレイに表示する」といった方法です。

あるいは、「エクセルファイルで作った表を見ながら、別のデバイスで文章を入力する」という方法です。

1つのデバイスでも表示画面を切り替えることによって同じことが可能ですが、それよりは複数のデバイスを同時並行的に用いるほうが便利です。

あるいは、「グーグルドキュメントのあるページをスマートフォンに表示させ、それを参照しながら、別の画面をPCに表示させて文章を書く」ということも可能です。

こうした利用法は、作成したコンテンツをクラウドに上げているからこそできる方法です。この利用法は大変便利で、真のマルチウィンドウズです。グーグルドキュメントの2つのページを同時に見ることもできます。編集作業をするときには大変便利です。

5台くらいのデバイスを同時に使うこともできます。デスクトップPC、ノートPC、スマートフォン、タブレットなど。

この方法が一番便利だと感じるのは、音声入力をしているときです。

捨てることの重要性と難しさ

「仕事に着手すれば完成する。だからできるだけ早くスタートすべきだ。未完成な状態でもスタートしたほうがよい」。第2章の2で、このようにいいました。

このこと自体は間違いないのですが、すでに書いたものがあると、それが全体の論理を曲げてしまう場合もあります。例えば、ある部分が余計であり、それがあるために分かりにくくなっているという場合があります。こうした場合、不要な部分を捨てる必要があります。

捨てることは、しばしば重要です。その部分を取り除くことによって、全体の論理がすっきりするということがしばしばあります。しかし、これはなかなか難しい作業です。

第1に、人間の心理として、「苦労して書いたものを捨てたくない」と思うのは、当然のことです。

第2に、捨ててしまったものが後から必要になることもしばしば生じます。

この問題を解決するためには、「とりあえず捨てる」という方法が有効です。つまり「不要」というタイトルのファイルを作っておいて、そこに削除したファイルを入れておくのです。後から必要になれば取り出すことができます。

「はじめに」と「まとめ」があると読みやすくなる

以上で述べたのは、本文に関するものです。

これに加え、「はじめに」と「まとめ」を作ると、読みやすくなります。

書籍全体の「はじめに」に書くべきことは、つぎの諸点です。

・なぜ書いたのか？　何を目的として書いたのか？　狙いは何か？
・想定読者
・これまでの書籍との違いや新しい点
・本文の構成と概要

各章ごとの「まとめ」に書くべきものは、つぎの諸点です。

・要約
・結論
・残された課題

「はじめに」や「まとめ」は、必ずしも読者の便宜のためだけのものではありません。執筆者にとっても重要なことです。「はじめに」を書くことによって、そもそもの目的設定が正しいかどうかを再確認することができます。また、「まとめ」を書くことによって、自分の主張の中で最も伝えたいところがどこかが分かります。そして、それが本文で適切に反映されていないことを発見する場合もあります。そうした場合、本文を書き直すことになるでしょう。このように、「はじめに」と「まとめ」を書くことは、本文に影響を与えることにもなります。

では、どのタイミングで「はじめに」と「まとめ」を書くのがよいでしょうか？

これらは書くのが面倒なものですが、骨格ができたら、できるだけ早いほうがよいと思います。それを内容にフィードバックするのです。少なくとも、完成した後に書くのではありません。

3．体系ができてからアイディアを思いつくことも多い

全体の体系を一覧できればアイディアが生まれる

全体の体系ができあがっていると、そこから新しい発想が生まれるということがしばしばあります。したがって体系を作って終わりになるわけではなく、それがアイディア発想の出発点になることも多いのです。

ただしそのためには体系全体を記録し、かつそれがすぐに見られるようにし、そしてそこ

に新しいアイディアをすぐに書き込めるようにしておく必要があります。これを実現するのが多層ファイリングの仕組みです。

「作家の創作ノート」は、こうしたことを目的としていたのでしょう。いまは、もっと効率的な形で行なうことができます。第2章から第4章までの方法によってビルディングブロックを作り上げたからです。

アイディアは頭の中で生まれるのですが、頭の中にすべての情報を詰め込んでいるだけでは、さまざまな要素の関連を把握するのが難しいのです。

寝かして熟成させる

体系ができれば、これを「寝かして」、頭の中で熟成させることができます。

具体的にどのくらい寝かして、どのような経緯で熟成をすればよいのでしょうか？

場合により違いますが、原稿を書いて散歩に出る（この場合は、「寝かす」という表現は適当でありませんが）。あるいは、寝る前に書く。寝ている間に、いろいろなひらめきが生まれます。1週間も放り出しておくと忘れることもあります。その仕事だけをやっているなら別ですが……。

コメント方式でアイディアを付け加える

体系ができた後で思いついたアイディアは、グーグルドキュメントに「コメント」の形で記入していくのが最も効率的です。

コメントの形で記入しておけば、後からそれを見つけやすいので、それを成長させていくことができます。コメント数がかなり多くなっても、コメント一覧を表示させればどこにコメントがあるかはすぐに分かります。

コメント方式でメモを書く方法は、本書のつぎの３つの箇所で用いています。

(1) アイディア農場プロジェクトにおいて
(2) できあがった体系に新しいアイディアを付け加えることにおいて
(3) オンライン・ブレインストーミングにおいて

これらのうち、(2) がいま述べているものですが、効率的に機能します。

その理由は、第1に、メモを書いておくべき適切な場所をすぐに見つけられることです。思いついてから1分以内に書いておかないと、アイディアを失うことがあります。

第2はリンクというやや面倒な手続きをせずに書くことができるので、断片的なメモも箇単に書けて、しかも見失わないことです。

自分自身と対話する

グーグルドキュメントにおけるコメントは、他の人たちからコメントをもらうためについている機能でしょうが、自分自身との対話を行なうためにも有用な機能です。

第4章で述べたように、このような対話の過程を通じて、新しいアイディアが生まれます。また、アイディアの「たね」が成長していくことになります。

これまでは頭の中だけでやっていたこの作業を明示的に文章の形で行なえることになったのが、グーグルドキュメントのコメント機能の重要な効果です。

第6章の1で述べるように、私は、原稿の中の不完全なところ（表現を修正する必要があるところ、あるいは、資料を補強する必要があるところなど）に、＊印などをつけているのですが、その箇所にコメントを入れる方式も並用することとしました。

そして例えば「データが必要」というような簡単なメモを書いておきます。

こうすれば、コメント一覧をクリックするとそのファイルのどこにメモが書いてあるかすぐ分かるので、見落とすこともありません。

処理が終わればこのコメントは削除します。

途中過程を公開することの意味

note に投稿するのは、１０００〜１５００字程度の文章です。つまり、本章の１で述べた「基本ブロック」です。

note に投稿するというのは、「人に見せられる形で書く」、「外部に出せる形で書く」ことを意味します。これは、さまざまな意味で重要なことです。

note に公開する意味は、きちんとした文章にする圧力が働くことです。

文章に限らず、「見られる」ということには、大きな意味があります。人は高い地位に就くと、偉くなります。偉い人が高い地位に就くのではないのです。見られるから、努力し、その結果、偉くなるのです。

ゲーテも読者を意識したといわれています。ましてや、われわれが意識しないわけにはいきません。

note に公開することによって、書き手は、読者を意識します。また、当該テーマがどの程度の関心を持たれているものかを知ることができます。

ただし、「いいね」の数などに振り回されるのは、考えものです。

また、体系ができておらず頻繁に改訂する必要がある場合には、note では不便です。

すでに述べたように、アイディアは一定期間、「寝かせる」（熟成させる）必要があります。いままでは、これは非公開のままで行なっていたのですが、前述の note では、公開してから熟成させることも可能です。つまり、公開しながら、それについて考えを巡らせ、内容を発展させ（あるいは変更し）ていくのです。

１５００字程度のビルディングブロックなら、考えがまとまって固定されているので、発展が可能なのです。

こうしたことは、印刷物では行ないにくいことでした。ウエブであっても、いったん公表したものを変更するのは必ずしも容易ではありません。note という柔軟なシステムであるために可能になった方法といえます。

第5章のまとめ

1．基本ブロックは、１５００字程度のもの。これらを１００個程度積み上げると、１冊の本ができあがります。

2. 執筆の過程では、グーグルドキュメントの2層構造あるいは3層構造で作業します。最初は3層構造で書き、できあがっていくにつれて2層構造に移ります。

3. ブロックを積み上げて全体の構造を作る作業は、決して容易なものではありません。なぜなら、論述文の内容は1次元ではないからです。全体を一覧できるためのさまざまな工夫をしつつ、頭の中で構造を組み立てていくしか方法はありません。

4. 体系ができあがってから新しいアイディアを思いつくこともあります。思いついたときにメモしていくには、グーグルドキュメントのコメント機能を使うのが便利です。

第6章　分かりやすく正確に力強く伝える

＊

これまでの章で述べたのは、「どのようにして論述の内容を作り上げるか」です。それができたら、これを人々に伝える必要があります。いかに高邁《こうまい》な思想でも、いかに重要なアイディアでも、人々に理解してもらわなければ意味がありません。

そのために注意しておくべきことが、いくつかあります。自分の考えを、分かりやすく正確に、そして、強力に伝えるためのテクニックもあります。この章では、それらについて述べることとします。

1. 分かりやすく書く（その1）論述の構造

見かけではなく、内容こそ重要

「文章の書き方」についての本がいくつもあります。そこには、本章の2で述べるようなことが主として書かれています。つまり、「文章の構造をどう整えるか？」といった問題です。

こうした注意は、大変重要なことです。ただし、多くの場合、これは校閲者の立場から指摘されるような事柄です。

文章の構造を正しくし、理解しやすくするための注意に従えば、そこに書いたことは理解してもらえるでしょう。しかし、「いっていることはよく分かったけれども、結局何も残らなかった」というのでは、意味がありません。

つまり、文章の構造を整えることは、必要条件ではあるのですが、十分条件ではないのです。

逆にいえば、内容さえ充実していれば、文章がある程度の悪文であっても、許されるでしょう。

見かけばかり気にしてもしようがない

「文章の書き方」についての多くの本が強調するのは、「どのようにして人々の注意をひくか？」です。しかし、これだけに気をとられて、中身のない文章を書いても、しようがありません。

いま、このようなことに人々の関心が過度に向きつつあるように思います。それは、見かけばかりを気にしている人にも喩《たと》えられます。

世間では「見た目が9割」といわれますが、本当に重要なのは、身体を丈夫にし、生きがいのある生活をすることです。そうすれば、見かけはおのずと魅力的になるでしょう。文章の場合も同じです。伝えるに値するような内容をどのように作り出すか。それが重要なのです。

書き手がよく理解していることが必要

書き手の考えが読み手に伝わるためには、まず書き手の頭の中が整理されていることが必要です。書き手がよく理解していれば、文章は読みやすくなり、分かりやすくなります。

逆に、書いている人がその内容をよく理解していないのであれば、あるいは、主張したいことがよく整理されておらず混沌《こんとん》としているのであれば、読み手が理解できないのは当然のことです。適切に構成されていない状態の考えをそのまま文章に書いても、読み手が理解できるはずがありません。

また、対象と考えている読者が専門家なのか、あるいは一般の人なのかを意識している必要があります。これによって、テクニカルターム（専門用語）や基礎概念などをどの程度説明するかに差が生じます。

一般的な読者を対象とする場合には、テクニカルタームについて説明することが必要です。

難解なテクニカルタームをそのまま用いるのは、書き手が内容をよく理解していない証拠です。

また、「よく知られているように」とか、「といわれている」という表現が多い論述も、その内容について書き手がよく理解していないことを示すものです。

論理を正しく。「逆は真ならず」をつねに意識

論理構造が正しくなくてはなりません。とりわけ重要なのは、必要条件と十分条件を区別することです。同じことですが、「逆命題は必ずしも真ではない」と意識することです。

例えば、第2章で、「始めれば完成する」といいました。「始めなければ完成しない」というのは自明のことです。しかし、ここで主張したのは、その逆命題なのです。逆命題は必ずしも真ではないので、これは自明のことをいったわけではありません。

あるいは、必要条件をいっているのに、十分条件をいったと読者に誤解されることもあります。

例えば、「日本の賃金を上げるには生産性の向上が必要だ」と主張したとします。それに対して、「では生産性が向上すれば、必ず賃金が上がるのか？」といった批判をされることがあるのです。

しかしこれは先の命題の逆命題なのであって、それを主張したわけではありません。指摘したのは、賃金を上げるための必要条件であって、十分条件ではありません。

論述の構造

第5章で述べたのは、ブロック間の関係です。「ブロック間の関係を考慮しつつ、それらをどのように組み合わせるか」ということです。

ところで、1つのブロックの中においても、文章の順序が問題になります。結論と理由はどちらを先に書くのがよいのか？ 結論を先に書いて、後からその理由を示すべきか？ それとも、前提、仮定から始めて徐々に論理を積み上げ、最終的な結論を導くという書き方にするのか？

論理的には後者が正しい方法ですが、読者は結論を早く知りたいと思っているかもしれません。仮定の部分があまりに長いと、途中で放り出されてしまうかもしれません。

あるいは、一般的な命題を最初にいって、その後に具体的、ないしは個別的な事例を示すのがよいのか？ その逆がよいのか？

これも難しい問題です。個別的なことだけをいっていると、全体として何を主張したいのかよく分からなくなります。他方で、一般的なことは抽象的で理解しにくい場合が多いので、最初にそれを出されると、読者は理解しにくいと感じるかもしれません。

論述の順序

（1）オーソドックスなスタイルは、最初にリード文、あるいはイントロダクションを書き、最後に結論を書きます。

（2）これとは逆に、「最初に結論を書き、それから理由を書く」というスタイルもあります。「最初に疑問、あるいは問題を提示し、それから種明かしを書く」というスタイルもあります。これは、読者を逃さないための工夫です。

（1）、（2）のどちらをとるかは、場合によって選択するのがよいでしょう。

なお、論述の順序として「起承転結」がよい、といわれることもあります。しかし、通常の論述文にそのような構成は必要ありません。むしろ、「転」で話の筋道がそれまでから変わってしまうと、読者はまごつく場合が多いと思います。

箇条書きにすると、分かりやすくなります。メールの場合はとくにそうです。

どこで改行するかも重要です。昔の文章では、1ページにわたって改行せずに続いているようなものがありますが、これでは読むのが大変です。その反対に、最近のウエブの文章は、文章ごとに改行しているものもあります。しかし、これではかえって読みにくくなってしまいます。

繰り返しや重複は避けたいものです。しかし、根絶は難しい課題です。頭の中に考えが残っているために、どうしても繰り返し出てきてしまうのです。

文章を推敲する

いったん書いた文章は、何度も推敲《すいこう》する必要があります。話の進め方は適切か？　表現は分かりやすいか？　などをチェックするのです。

このために特別の方法はなく、読むだけでよいと思います。文章を作り上げる作業に比べれば、ずっと楽です。

具体的には、つぎのような点につき、チェックします。

・文頭や文末に同じ表現が続いていないか？

・データなどを更新しようと思いつつ、そのままにしていた箇所はないか？　あれば、データを最新のものに更新する。

なお、私は、文章を書いているとき、後で見直すべき箇所やデータを入れるべきところに、＊＊＊などの符号をつけています（第5章の3で述べたように、コメント方式で書き入れることもあります）。文章を書いているときに、こうしたことをいちいち調べるのは面倒だからです。後でまとめて見直せば、精神的に楽です。

書籍の場合、ゲラになってからの推敲は最も楽です。なぜなら、印刷物になっていれば、一覧性が増し、他の箇所の参照が簡単にできるからです。つまり、第5章の2で述べた作業が簡単にできることになります。ただし、再校（2度目のゲラ）になると、行数を変更できなくなるので、大幅な修正はできなくなります。

2．分かりやすく書く（その2）複文問題と戦う

分かりにくくなる原因は「複文」にあり

本章の1で述べたのは、「いくつもの文章をどう配置していくか？」という問題です。この節で述べるのは、個々の文についての留意点です。

日本語の文章が分かりにくくなる最大の原因は、「複文」にあります。そこで以下では、

まず複文とは何かを説明し、つぎに、分かりにくさを回避するにはどうしたらよいかを述べることとします。

最初に、単文、重文、複文の区別をしましょう。

「単文」とは、文例1のように、主語と述語が1つずつしかない文です。

(文例1) 彼は正直だ。

これが最も簡単な構造の文であり、最も読みやすい文です。

「重文」とは、文例2のように、単文を2つ以上並列させ、結びつけた文です。

(文例2) 彼は正直だが、彼女はそうでない。

重文は、さほど読みにくくはありませんが、できれば避けるのがよいでしょう。なぜなら、重文では、複数の単文の間の論理関係があいまいになる場合が多いからです(とくに、「が」という接続助詞で単文をつなげる場合。これについては、後述)。

「複文」とは、文例3のように、1つの単文の中に単文が「入れ子式」に組み込まれている文のことです。

（文例3）私は、彼が正直であることを知っている。

このように、「複文」では、主語と述語の組み合わせである単文が、全体としての文の主語や述語になっています。文例3では、「彼が正直である」という単文が、全体の文の述語に含まれています。なお、この部分のことを「節《せつ》」ということがあります。

「複文」が「重文」と違うのは、入れ子式の構造の有無です。重文の場合には、1つの文の中に主語・述語の組み合わせが複数個ありますが、入れ子式にはなっておらず、並列しているだけなのです。

文例3は複文であっても、それほど複雑ではありません。しかし、例えば、文例4のような文となると、かなり読みにくくなります。

（文例4）昔、一緒に仕事をしたことがある技術者のA君は、先日開かれた研究会の席上で、日本の技術開発力が低下しているのは、研究開発に十分な資金供給がなされていないからだという考えに対して反対意見を述べました。

こうした文を分かりやすくするには、どうしたらよいでしょうか？
それについて、これから説明します。

日本語は節の明示が困難

文例3の場合、「私は」に対する述語は「知っている」なのですが、この間が空いてしまっているので、読者は宙ぶらりん状態（ペンディング状態）に置かれるのです。「私は」、「彼が」と主語が続いてしまい、これらの関係がどうなっているのか、文の最後まで読まないと把握できません。

英語では、主語のすぐ後に know や is などの述語が来るため、「宙ぶらりん状態」はあまり起きません。しかし、日本語では、述語が目的語の後になって文末に来るので、「宙ぶらりん」が頻繁に起こります。

その上、英語では、節を that でくくったり、which で示したりすることができるため、これらが節であることを明示することができます。

それに対して、日本語には、that や which に相当する言葉がないため、節であることの明示が難しいという事情があります。

英語では、which などの関係代名詞と that を使って、きわめて複雑な文が作れます。ドイツ語でもそうです。

ヘルマン・ヘッセの『ナルチスとゴルトムント』の冒頭にある修道院の栗の樹の描写は、1ページにも及ぶ1つの文です。that や which、who などを使えない日本語では、これを1つの文で翻訳するのは、到底不可能です。

この問題をどのようにして克服したらよいでしょうか？

複文の分かりにくさを克服する

複文の分かりにくさを克服するために、つぎのような方法が考えられます。

以下では、文例3を書き換えてみましょう。

（1）主語の位置を変えて、主語と述語を近づける

（文例5）彼が正直であることを、私は知っています。

（2）「　」でくくる

（文例6）私は、「彼が正直である」ことを知っています。

これは、比較的単純な例なので、「 」でくると不自然になりますが、節が長い場合には、節であることを明示するために有効です。「 」によって、英語の場合の that の機能を果たしてもらおうというわけです。こうした書き方をする人はあまり多くないのですが、積極的に活用すべきだと私は思います。

（3）節の名詞化

文例3で文になっているところ（節）を名詞にします。

（文例7）私は、彼の正直さを知っています。

この例のように節が短い場合には有効です。しかし、文例4のような場合には、難しいでしょう。

複文を重文や単文に分解する

私が推奨したいもう1つの方法は、複文を、重文、または単文の組み合わせに分解することです。できれば単文とし、以下に述べるように、接続詞を用いて連結するのがよいと思います。例えば、文例4をつぎのように書き換えることができます。

(文例8) 日本の技術開発力が低下しているのは、研究開発に十分な資金供給がなされていないからだと、一般にいわれています。しかし、先日開かれた研究会の席上で、技術者のA君は、この意見に対して、反対意見を述べました。なお、A君は、昔、一緒に仕事をしたことがある人です。

単純な文章になってしまいますが、論述文の場合には、文章の格調よりは、分かりやすさを重視すべきだと思います。ただ、あまりに簡単にしすぎると、小学生の作文のようになってしまうので、注意が必要です。

接続詞を多用しよう

複文を単文に分解した場合には、文と文、あるいは、段落と段落の間の論理関係を、接続詞を用いて、はっきりさせます。

あるいは、接続詞的な機能を持つ名詞や、形容動詞の連用形を用いて、これを行ないます。

三島由紀夫《みしまゆきお》は、「接続詞を多用する文章は品格がない」といいました（『文章読本』、中公文庫、1995年）。

確かに文学者の立場からいうと、そうかもしれません。しかし、論述文の場合には、接続詞を駆使して論理関係をはっきりさせるほうがよいと思います。

こうした目的のために用いることができる接続詞を列挙してみましょう。

・論理関係が次々につながっていく場合

したがって、だから、それゆえ、このため、つまり、要するに

・論理関係が緩くつながっていく場合

つぎに、確かに、なお

「そして」も便利なのですが、多用すると幼稚な感じがします。

・論理関係が逆転する場合

しかし、だが、それにもかかわらず、ところが、それに対して、もっとも、一方、他方で

・話題を転じる場合に、論理関係はあいまいだが便利な接続詞

さて、ところで

・あいまいな接続詞

が

これは便利な接続助詞ですが、意味が明確ではありません。論理関係が逆転するとは限らないのです。

実際、「が」による文章の接続には、「しかし」の意味と、「それゆえ」の意味があります。論理関係が逆転する場合には、2つの単文に分解し、「しかし」でつなげるべきです。例えば、右の文章は、つぎのように書くべきです。

「これは便利な接続助詞です。しかし、意味が明確ではありません」

ねじれ文を根絶しよう

「ねじれ文」とは、主語と述語が対応していない文です。例えば、つぎのように。

（文例9）私が彼を信頼していない理由は、彼が正直でないからだ。

これは、正しくは、「私が彼を信頼しないのは、彼が正直でないからだ」、または、「私が彼を信頼しない理由は、彼が正直でないことだ」と書くべきものです。分かりにくい文のほとんどがこれです。主語と述語の対応関係が「ねじれて」いるのです。

長い複文を書いていると、気がつかないうちに「ねじれ文」になってしまうことがよくあります。日本語では主語が明示されないことが多いので、とくに注意が必要です。主語と述語の関係をはっきりさせること、そして、それらをできるだけ離さないように注意することが必要です。

主語だけあって、述語がない文もあります。書いているうちに、主語の存在を忘れてしまったのでしょう。

読みやすくするための注意

・読点をどこで付けるか

読点を適切に付けないと、意味が取れない場合があります。例えば、「涙で歌えなかった」は、「涙が出てくるので歌えなかった」のか、あるいは、「涙を流して歌いたかったのだが、涙が出なかった」のか、どちらなのかが分かりません。前者であれば、「涙で、歌えなかった」と書くべきです。

・受け身は避ける

受け身の表現は避けるべきだといわれます。受け身は、自信がないことの証明だからです。主張に力強さがなくなります。ただし、書き手の立場からすると、責任回避ができるので便利な表現であることも事実です。

・指示語を避ける

「これ」、「このような」、「このように」、「こうした」、「それ」などが頻繁に現れる文章があります。何を指しているのか、著者は把握していますが、読者には分かりません。繰り返しになってしまってもよいから、具体的に述べるほうがよいでしょう。

・同じ表現の繰り返しを避ける

文末が同じになってしまうことがあります。例えば、「である」、「である」が繰り返されたり、「のだ」、「のだ」が繰り返されるなど。また、文頭が繰り返しになる場合もあります。「しかし」、「しかし」など。これらは、検索機能を用いてチェックすることができます。

・二重否定

肯定文で書けば、読みやすくなります。

3．悪文の代表選手に学ぶ

悪文の代表選手（その1）日本国憲法を読んでいると陶酔状態に導かれる

新聞・雑誌には、悪文の例がいくらでもあります。ウエブの文章にいたっては、きりがないほどです。ここでは、もっと格調高く、憲法をとりあげましょう。「日本国憲法」前文は、終わり近くでつぎのように謳《うた》っています。

われらは、いづれの国家も、自国のことのみに専念して他国を無視してはならないのであつて、政治道徳の法則は、普遍的なものであり、この法則に従ふことは、自国の主権を維持し、他国と対等関係に立たうとする各国の責務であると信ずる。

これは、実に不思議な文章です。

「われらは、」と主語が登場したので、「それに対応する述語は何か？」と考えていると、「いづれの国家も」と第2の主語が登場します。この述語が「ならないのであつて」だと見当はつきます。しかし、それが「われらは」とどう関係しているのかは、依然として分かりません。

ここで頭が浮遊状態になると、「政治道徳の法則は、」と、早くも第3の主語が現れます（「法則は」の後に「、」があるのも奇妙です）。そして、矢継ぎ早に「従ふことは」と第4の主語が現れます。こうして、われわれは、陶酔状態に導かれるのです。

本章の2で述べた「複文の問題点」が、ここに見事に集約されています。

分かりやすいように書き直してみると

何度か読み直せば、これらの節は、「われらは、……信ずる」の対象であるらしいと分かります。それなら、つぎのようにいってもらえないでしょうか？

われらは、つぎのように信ずる。(1)いづれの国家も、自国のことのみに専念して他国を無視してはならない。(2)政治道徳の法則は普遍的なものである。(3)政治道徳の法則に従ふことは、自国の主権を維持し、他国と対等関係に立たうとする各国の責務である。

しかし、こう整理してみると、改めて、つぎのような疑問が湧きます。

(a)「普遍的なものである」というからには、「政治道徳の法則」なるものは、ずいぶんと重要なものなのでしょう。しかし、一体、それはどのような法則なのでしょうか? それについての説明(ないし定義)は見当たりません。

(b)それと、「いづれの国家も、自国のことのみに専念して他国を無視してはならない」という主張との関係はどうなっているのでしょうか? この主張が「政治道徳の法則」なのか? それとも両者は別のものか?

(c)「政治道徳の法則が普遍的」という命題は「信じる」対象なのか、それとも、先験的に正しいことなのか?

（d）仮に「政治道徳の法則が普遍的」であるとすれば、どんな国家にも適用できるはずだから、（3）で、これに従うべき対象を「自国の主権を維持し、他国と対等関係に立たうとする各国」に限定するのは、おかしいのではないか？

要するに、「一読したときには何が何だか分からないが、整理して分かりやすい文章に直すと、つぎからつぎへと疑問が生じてくる」ということです。

急いで翻訳したから変な文章になった？

日本国憲法の内容は、高邁な理想を謳う素晴らしいものですが、文章は最低です。おそらく、英語の原文を急いで翻訳したからでしょう。

日本国憲法と同じレベルの悪文は、インターネット上に溢《あふ》れています。ときどき現れる警告文も、英語の翻訳らしく、意味がとれません。

ある企業から送られてくるメールにパスワード付きで添付されているファイルは、私のPCのウイルスチェックに引っかかってしまいます。そして、つぎのような表示が現れます。

【暗号化された添付ファイルに関する警告】この添付ファイルにはご注意ください。このメールには、悪意のあるコンテンツのスキャンを実行できない暗号化された添付ファイルが1個含まれています。

「含まれている可能性があります」ではなく「含まれています」と断定されているのですから、恐ろしくて開くことができないのですが、実は、この警告文がよく理解できないのです。「悪意のあるコンテンツのスキャンを実行できない」とあるのですが、これはどういう意味でしょうか？「コンテンツのスキャンを実行できなくなるような、悪意のある」という意味でしょうか？

悪文の代表選手（その2）一読難解、二読誤解、三読不可解

法人税法について、つぎのようにいわれます。

まず、「一読難解」。法人税法を初めて読んでスラスラと頭に入るのは、かなり変な人です。そして、「二読誤解」。このため、税理士が必要になります。

そして、三読して意味が分かるようになると、「この措置は本当に正しいのか？」といった類《たぐい》の疑問が、つぎつぎに出てきます。藤村操《ふじむらみさお》ではありませんが、税の「眞相《しんそう》ハ唯《た》ダ一言ニシテ悉《つく》ス。曰《いわ》ク不可解」といいたくなります。

その例をつぎに示します。これは、「法人税法、第百四十四条の二」です。

恒久的施設を有する外国法人が各事業年度において外国法人税（第六十九条第一項（外国税額の控除）に規定する外国法人税をいう。以下この項及び第八項において同じ。）を納付することとなる場合には、当該事業年度の第百四十一条第一号イ（課税標準）に掲げる国内源泉所得（以下第三項まで及び次条第一項において「恒久的施設帰属所得」という。）に係る所得の金額につき第百四十三条第一項又は第二項（外国法人に係る各事業年度の所得に対する法人税の税率）の規定を適用して計算した金額のうち当該事業年度の国外所得金額（恒久的施設帰属所得に係る所得の金額のうち国外源泉所得に係るものとして政令で定める金額をいう。）に対応するものとして政令で定めるところにより計算した金額（以下この条において「控除限度額」という。）を限度として、その外国法人税の額（第百三十八条第一項第一号（国内源泉所得）に掲げる国内源泉所得につき課される外国法人税の額に限るものとし、その所得に対する負担が高率な部分として政令で定める外国法人税の額、外国法人の通常行われる取引と認められないものとして政令で定める取引に基因して生じた所得に対して課される外国法人税の額その他政令で定める外国法人税の額を除く。以下この条において「控除対象外国法人税の額」という。）を当該事業年度の恒久的施設帰属所得に係る所得に対する法人税の額から控除する。

つぎのように、（　）内やそれにまつわる部分を注として別記してもらえれば、ずいぶん読みやすくなります（条文の一部を省略してあります。それでも、まだ完全には分かりませんが……）。

恒久的施設を有する外国法人が各事業年度において外国法人税（注1）を納付することとなる場合には、国内源泉所得（注2）に係る所得の金額につき、規定（注3）を適用して計算した金額のうち当該事業年度の国外所得金額（注4）に対応するものとして政令で定めるところにより計算した金額（注5）を限度として、その外国法人税の額（注6）を当該事業年度の恒久的施設帰属所得に係る所得に対する法人税の額から控除する。

このあとに、「（注1）第六十九条第一項（外国税額の控除）に規定する外国法人税をいう。以下この項及び第八項において同じ。」などと続ければよいのです。

４．説得力増強のためのテクニック「例示と比喩」

例示する

抽象的な概念や法則は、例示すればよく分かります。

例えば、「需要の価格弾力性」を説明するのに、「価格の変化に対する需要の感応度を指します」というよりは、「価格が１％上がったときに需要が０・５％増えれば、価格弾力性は０・５です」と説明するほうが分かりやすいでしょう。

非常に大きな数や非常に小さな数を示すにも、例示するのがよいでしょう。

例えば、「独身の日のアリババの売上げは、イオンの売上げの半年分である。その日の商品の輸送距離は、地球から冥王星《めいおうせい》の往復40回分以上である」というように。

複雑な概念を比喩で分かりやすく説明する

比喩《ひゆ》とは、つぎのようなものです。

「金融政策はヒモのようなものである。引っ張ることはできるが、押すことはできない」

このようにいえば、「過熱している経済を金融政策によって引き締めることはできるけれども、停滞している経済を活性化することはできない」というよりも、ずっとよく分かります。それは、「ヒモ」という具体的なもの、誰でもよく知っているものに喩えているからです。

ただし、比喩は、トリックです。「なぜ金融政策がヒモであって棒ではないのか？」ということは説明していないからです。本当は、そのことを説明する必要があるのですが。

かなり複雑な概念を比喩で説明することもできます。有名なのは、経済学者J・M・ケインズの「美人投票論」です。株価の決定メカニズムは美人投票と同じものだというのです。つまり、「誰が本当に美人か」ではなく、「誰が美人投票で高得点を取ると人々が考えるか」を基準に投票するというのです。これは巧みな比喩ですが、なぜそう考えてよいかの説明は、ありません。

新約聖書の福音書におけるイエスの説教の多くは、比喩を使って行なわれています。「イエスは、比喩なしでは何事も語らなかった」と書かれているほどです。しかし、イエスは比喩によって巧みにすり替えを行なっている場合が多く見られます。

引用とエピグラフ

比喩と似たようなものとして、引用があります。これは、権威に頼って自分の主張を正当化しようというものです。つまり、「虎の威を借りる」わけです。私はこうした使い方を好ましいものとは思いません。自分の考えとしていうには自信がないので、権威に依存しているからです。

しかし、実際には大変効果があることも、認めざるをえません。「私はこう思う」というよりは、「ケインズがこういっている」というほうが信頼性があるでしょう。

告白すると、私自身も、ごくたまにではありますが、こうした手法に手を出さないとは断言できない側面が皆無とはいえないことは、決して否定しきれない事実です（要するに、私も、ときどき利用します）。

引用の3大源は、聖書、シェイクスピア、ゲーテです。あらゆることをシェイクスピアの引用だけで表現できるそうです。

「エピグラフ」とは、書籍の最初に引用する言葉です。しばしば、きわめて印象的です。

私がドストエフスキイの『悪霊』を読んだのは、エピグラフで引用されていたプーシキンの詩の魅力に惹《ひ》かれたからです。

図を用いる

概念図を示すのは、複雑な概念を説明するのに、きわめて有用です。第5章の2で述べたように、図を用いれば2次元の概念を示すことができます。3次元の概念も、投影図を用いることにより、不完全ながら示すことができます。これらを適切に描けるのは、対象をよく理解している証拠です。

また、データを調べて数字で示せば、信頼性が増します。それらをグラフで示せば、さらに有用です。相関関係を示したり、時系列的な推移を示すことができます。

5. タイトルをどう付けるか

タイトルはますます重要になっている

読み手は忙しく、他方で、書籍は毎年多数刊行されています。競争者が多いのですから、いかにして興味を持ってもらうかが、きわめて重要な課題です。そのための手段がタイトルです。

これまでの最高傑作は、イギリスの物理学者、ヘンリー・キャベンディッシュが付けた「地球の密度を測る」というタイトルです。

これは、ニュートンの法則にある「重力定数」を測定する実験の報告なのですが、「重力定数の測定」という無味乾燥なタイトルではなく、「地球の密度を測る」といっているのです。重力定数の値が分かれば地球の密度が分かるのでこうなるのですが、「地球の密度」という具体的なイメージが提示されているので、大変興味が湧きます。

これと対照的なのが、「無題」、「最近考えていること」などといったタイトルです。これでは「内容は面白くありません」といっているようなものです。読もうという気持ちにはなれないでしょう。

これらは論外としても、あまりに一般的なタイトルでは、興味を引かないでしょう。例えば、「人生をいかに生きるべきか？」、「これから世界はどうなるか？」などというタイトルでは、空気のように通り過ぎていってしまいます。

もっと具体的なタイトルが必要です。それによって、内容を的確に伝える必要があります。しかし、具体的であるだけでは、なお、読み手の意識を素通りしてしまう危険があります。

タイトルが読み手の意識に引っかかることが必要です。そのためには、強力なメッセージ、読んで印象に残る表現、月並みではない内容が必要です。羊頭狗肉《くにく》は推奨できませんが、ある程度は許されるでしょう。

そして、「この文章が私の生活にどう関係があるのか?」という問いに答えなければなりません。

辟易するウエブ記事のタイトル

タイトルをどう付けるかは、昔からきわめて重要な課題であったのですが、インターネットの普及によって文書の供給量が爆発的に増えたため、タイトルの付け方がさらに重要になりました。いかにしてタイトルによって読者に興味を持ってもらうかが、一層強く意識されるようになったのです。

ウエブの記事では、印刷物と違って全体を一覧しにくいため、「タイトルで勝負をする」必要性が高いという事情もあります。

このため、ある種のバイアスが生じています。ウエブの記事によくあるスタイルは、つぎのようなものです。

第1は、ショッキングな事実を示す(ショッキングでなくても、そう見られるような表現にする)。そして、つぎに「その理由」などと書くスタイルです。例えば、「中国が貿易戦争で勝てない意外な理由」など。

第2は、「○○事件で新聞が報道しない3つの重大事」、「内輪の関係者だけが知る驚愕《きょうがく》の事実」などです。「ここだけの話だから、決して他言しないでほしい」という触れ込みで始まる口伝えのメッセージが、昔からありました。それと同類です。

第3は、「日本人が知らない世界の常識」、「日本人が知らない本当の世界経済の授業」などというもの。つまり、「よその世界では常識になっているのに、あなたが知らない」というものです。

確かに、こうした書き方は好奇心を喚起し、読みたいという気を起こさせます。しかし、あまりこのような陳腐なタイトルばかりが現れると、鼻につくし、うんざりします。

ウエブでのタイトルの陳腐さには、本当に嫌な気持ちになります。実をいうと、私が書いた記事にこうしたタイトルが付けられてしまう場合があるのです。「助けてほしい」と泣き出したい気持ちです。

名前を付ける

さまざまな対象に名前を付けるべきです。抽象的な概念や新しい概念の場合には、とりわけ重要なことです。

私は、これまで、「超」整理法、押し出しファイリング、こうもり問題、1940年体制などの名前を「発明」してきました。名前を付け、それを定義し、説明しておけば、あとは、いちいち内容を説明しなくても、その名前を提示するだけで済みます。

日常生活においても、名前、またはタイトルが必要です。タイトルをうまく付けることができると、さまざまな場合に効果的です。

物事や企画などの抽象的な対象に、そのコンセプトを的確に表すタイトルを付けると、それだけで、直接的に訴求できます。

キャッチコピーや商品名を変えるだけで、商品が爆発的に売れることがあります。商品名にはいくつも例があります。最高傑作は、「ごきぶりホイホイ」でしょう。憎いゴキブリ、しかも素早くて捕まえられないゴキブリが、「ホイホイ入ってくる」というのです。これこそ、万人が求めているものでしょう。

ただし、問題は、そうしたタイトルなり商品名なりを、どうすれば思いつくかです。これは難題だと考えざるをえません。本書の第2章の2で提案した「クリエイティング・バイ・ドゥーイング」は、ここでも役に立つでしょう。

6.「避けたい表現」と「なんとか退治したい間違い表現」

そんなに省略してどうする?

つぎのような表現がのさばり始めています。これらが1つあるだけで、文章全体の品格が下がります。こうした表現は、なんとか避けたいものです。

・「その結果」のことを「結果」という
・「挙句の果て」を「あげく」という
・「それにもかかわらず」を「にもかかわらず」という
・「スマートフォン」を「スマホ」という

こうした表現が平気で使われているのは、日本人の言語感覚が麻痺《まひ》していることを意味するわけで、恐ろしいことだと思います。最近では、大新聞の紙面にも堂々と現れています。しばらく前には、間違いなく校閲で撥《は》ねられていた表現です。

「その結果」の「その」を省略したところで、何が得られるのでしょう？　昔、中国の皇帝は、100メートル競走で世界記録が0・1秒縮まったという報告を臣下から受けて、「して、その0・1秒を何に使うのか？」と尋ねたそうです。いまの日本には、このようなことをいう人がいなくなってしまいました。

間違いがのさばっている

まずは、単純な間違い。

公園で、「高音を発する楽器の演奏はお控えください」というアナウンスをよく聞きます。これは、「大きな音を発する」の間違いでしょう。これを聞くたびに、「では、低音なら大きな音でもよいのか？」といいたくなります。

外国語の間違いは、非常に多く見られます。

いつの頃からか、外国人旅行客のことを「インバウンド」というようになりました。しかし、inbound とは、「本国行きの」という意味です。例えば、日本の航空会社の飛行機にアメリカから乗って日本に帰る便が、日本人にとってのインバウンド・フライトです。私は、この言葉を聞くと、「やっと日本に帰れる」という安堵《あんど》を感じていました。だから、よい感情を持っていたのです。

ところが、どういうわけか、数年前から、「インバウンド」は来日外国人旅行客を意味する言葉になってしまいました。「外国人旅行客」といえばよいものを、なぜ「インバウンド」というのでしょう。聞くたびに、私が好きな言葉を誤用されていると思い、嫌な気持ちになります。

念のため、*Webster's Third New International Dictionary* を引いてみると、inbound に「外国人旅行客」などという意味はありません。

中国人旅行客が日本に来るのは、彼らにとっては、「インバウンド」でなく、「アウトバウンド」です。彼らにとってのインバウンドは、中国への帰国便です。成田《なりた》空港にいる「インバウンド」は、日本に帰国した日本人のことです。

私が校閲者から直される表現もあります。

原稿に「ソ連」と書くと、校閲で「旧ソ連」と指摘されます。しかし、これはおかしな指摘だと思います。「旧」というからには「新」がなければならないはずですが、「新ソ連」という国家は、まだ誕生していないのですから。このルールに従えば、「ローマ帝国」は「旧ローマ帝国」などといわなければならないことになります。もっとも、私自身も「旧社会主義国」とはいっているので、「旧ソ連」の指摘には従うようにしています。

外国語についてどう考えるか?

私は外国語そのものについては寛容です。

先日ある週刊誌から取材があって、『高輪《たかなわ》ゲートウェイ』という駅名をどう思うか？と質問されました。「高齢者だから外国語の使用に反感を持っているだろう」との思い込みに基づく質問でした。私は、「ゲートでなくゲイトだ」とはいいましたが、外国語の使用自体に反対はしません。

それに、よくよく考えてみれば、日本語の抽象概念のほとんどは漢字であって、これらはある種の外国語です（中国語にはなく、日本で作られた漢字の組み合わせもありますが）。

外国語が本来の意味や発音でなく、奇妙にねじ曲げられて使われていることに反対したいのです。例えば、PCのことを「パソコン」というのはまあ仕方がないとして、スマートフォンのことを「スマホ」というのは、どうしても耐えられません。インタビューで話したことが文字起こしされたとき、必ずチェックしなければならない表現です。最近では、「スクリーンショット」のことを「スクショ」という人もいます。一体どうなっているのでしょう。

気になる表現は、外国語の日本語音訳にかなり多くあります。

例えば、コンピュータの「ストーレッジ」（記憶装置：storage）を「ストレージ」といいます。語尾が伸びて、だらしない感じになります。これでは、データが流出してしまうのではないかと心配になります。ところが、この表現はコンピュータの公式説明にも使われてしまっているので、いまさらどうにもなりません。

実は、……age がつく言葉をこのように音訳するのは、この例に限りません。例えば「モーゲッジ」（担保：mortgage）は、「モーゲージ」と音訳されます。「マイレージ」（走行距離：mileage）は、正しくはマイレッジです。

「シェークスピア」（正しくは、シェイクスピア）もごく一般的で、シェイクスピアと書いた原稿を校閲で直されたこともあります。

専門的な用語の音訳には、気になるものが他にもたくさんあります。例えば仮想通貨の「エセリウム」（ethereum）は、日本では「イーサリアム」になっています。これも、間違いが広がってしまったので、いまさらどうしようもないのですが、いつも気になって仕方がありません。

こんなことをいっていても、本当に無意味だと思わざるをえません。いらいらするだけで、精神衛生上よくありません。それに、「それなら君は、ラジオといわずにレイディオといっているのか？」といわれれば、反論のしようがないのも事実です。

また、漢字表現でも間違いがあります。例えば、「一生懸命」。正しくは「一所懸命」で、「一つの場所に命を懸ける」という意味です。「一生に命を懸ける」では、何のことか分かりません。

伊丹十三《いたみじゅうぞう》は、『ヨーロッパ退屈日記』（文藝春秋、1974年）で、つぎのように書いていました。これは、もう大昔のことになってしまいました。


奥さんが子供を産んだので、課長は休んでおります、ということを外部の人に謙遜語《けんそん》で告げる場合どういう表現が正しいか。課長の家内が子供を産みまして、なんて大声でいう奴がいたら、そういう人間の顔が見たいよ。

全くことばが乱れてきたねえ、撒水をサンスイ、洗滌をセンジョウ、直截をチョクサイ、情緒をジョウチョっていうのがあたり前になってしまった。次の文字の誤りを正せというので、快心の笑み、寺小屋、頭骸骨、首実験、なんていう問題の出た昔はよかったねえ（野口注：蛇足ながら正解は、撒水（さっすい）、洗滌（せんでき）、直截（ちょくせつ）、情緒（じょうしょ）、会心の笑み、寺子屋、頭蓋骨、首実検）。

根絶できなかった「さらなる」

誤った日本語は多々ありますが、それらのうちで最も気になるのは、「さらなる」です。

「さらなる発展のために」というように使われています。正しくは、「より一層の発展のために」、または「さらに発展するために」といわなければならないところです。「さらなる発展のために」という用法は誤用です。だから、日本語から追放する必要があります。少なくとも公的な文書での使用は禁止すべきです。

「さらなる発展のために」という用法が誤用である理由は、「さらに」という言葉は副詞（活用がない）であり、これを「さらなる」と活用させることはできない、という点にあります。

この表現を使っている人は、「さらに」が形容動詞の連用形であり、その連体形として「さらなる」という表現があるものと思っているのでしょう。しかし、これは誤解です。

「さらなる」はなぜ誤りか？

この点について、やや詳しく説明したいと思います。

（1）形容動詞とは、文語体の場合の終止形が、例えば「奇妙なり」となるような言葉です。この連用形は「奇妙に」であり、連体形は「奇妙なる」です。

（2）もし、「さらに」が形容動詞の連用形であるとすれば、その終止形は、「さらなり」となります。ところが、これは「いうまでもない」という意味なのです。

この点を補足します。

（2－1）「さら（更）」は、「更地」とか「まっさら」という用法から分かるように、本来は「新しい」という意味です。

(2-2) 古語において、「いふもさらなり」、または「いへばさらなり」という表現がありました。これは、「そのようなことをいうのは、改めて新しいことをいうようで、おかしい」という意味です。

(2-3) これが簡略化されて、「さらなり」というだけで、「いうまでもない」という意味になりました。『枕草子《まくらのそうし》』の「夏は夜。月の頃はさらなり」は、その例です。
(3) 以上から、仮に「さらなる」が形容動詞の連体形であるとしても、その意味は、「より一層の」という意味にはならないことが分かります。
例えば、「さらなる発展」をあえて解釈すれば、「これまでのパタンとは違う新しいタイプの発展」、あるいは「いうまでもないほど明らかな発展」という意味でなければなりません。
(4) ところで、「なり」を終止形とする形容動詞は、現代語においては、終止形が「だ」、連体形が「な」に変化しました。例えば、「奇妙だ」、「奇妙な」というように。
したがって、仮に「さらなり」という形容動詞が現在に至るまで連続して用いられてきたのなら、その口語における終止形「さらだ」が存在してしかるべきでしょう。しかし、このような言葉は存在しません。つまり、「さらなり」は、古語においてのみ存在したのです。

以上から分かるように、死語となった「さらなり」の連体形「さらなる」が、あるとき発掘され、それが誤った意味に用いられたのです。これは、突然変異的に発生した言葉です。「ら抜き言葉」のように徐々に変化したのではありません。

いまや政府の白書はこの言葉のオンパレードですが、昭和の時代の白書には、こんな妙な言葉は見られません。

いまでは、大新聞の見出しにも、堂々と登場しています。

いつから使われることとなったのか、正確には分からないのですが、私がこの言葉を初めて聞いたのは、平成の初め頃のことです。なお、全共闘用語だったという説があります。

一見して文語的表現と感じられるこの言葉は、実は、新顔なのです。

（５）以上から、つぎの結論に達します。すなわち、「さらに」という副詞は存在しますが、「一層の」という意味での「さらなる」という表現は正しい日本語ではありません。

なお、「に」という形の副詞のみがあって「なる」の形がない言葉としては、他にも、現に、すでに、つとに、とくに、とっくに、などがあります。

（６）以上述べたことに関連する事項をいくつか列挙します。

（６－１）終止形が死語となったにもかかわらず、連用形と連体形の双方が使われている言葉は存在します。「いかに」、「いかなる」は、その例です。

（６－２）「小諸《こもろ》なる古城のほとり」のように、名詞に「なる」をつけた表現はあります。

この場合の「なる」は、「にある」(「に所在する」)の短縮形です。「さらなる」は、この用法でもありません。

なお、右に「形容動詞」とした言葉を、「名詞」と「指定の助動詞(なり)」に分解する立場もあります。しかし、その立場をとっても、前記(1)~(5)の結論は変わりません。

言語感覚の問題

以上の議論に対して、「誤った用法でも、広く使われているものは認めるべきだ」との意見があるでしょう。確かに、一般的にいえば、言葉にはそのような側面があります。しかし、ここで重要なのは、言葉や表現に対する感覚なのです。この場合でいえば、「さらなる」という表現を珍妙と感じるか否かなのです。

文章中にこの表現が出てくると、私はその文章の内容全体を信用しません。言葉に対して敏感でない人が書いている証拠だからです。

前述のように、「さらなる」という言葉は、昔から使われてきた言葉ではなく、新顔の日本語です。それにもかかわらず、この言葉を用いる人は、荘重な言葉であると誤解しています。「一層の発展」といえばすむものを、わざわざ「さらなる発展」というのは、表現に重みをつけたいからでしょう。

しかし、荘重な表現と思ったものが、実は誤りなのです。珍妙なのは、この点です。私がこの言葉を耐えられなく思うのは、妙に権威主義的な臭いがあるからです。権威主義的であるにもかかわらず間違った言葉遣いをしているのは、まことに滑稽《こっけい》です。下品な喩えで申し訳ないですが、「髭《ひげ》を蓄えた警官が威張り散らしているのだが、ズボンがずり落ちている」という感じなのです。

言葉が変化することを認めないのではない

また、「言葉は時代によって変わる」との主張もあります。

私も、そのとおりだと思います。そして、私は、新しい言葉に対して概して寛容です。例えば、一般には批判の多い「ら抜き言葉」に対しても、私はさほど強い抵抗を感じません。あるいは、意味が原義から徐々にずれることもあります。実際、「さらに」という言葉自体が、その例なのでしょう。

元来は「さら」を語幹とする形容動詞「さらなり」の連用形で、「あらたに」という意味だったのでしょう。それが徐々に「その上に、かさねて、一層」と変化してきたのでしょう。だから、私は、「日本語を固定化しよう」などと主張しているのではありません。

しかし、「さらなる」は、このような連続的な変化で生まれた言葉ではありません。繰り返しますが、それは突然変異的に発生した誤用です。

辞書もすでに汚染されてしまいました。最初はハンディな小型辞書だけでしたが、次第に大型辞書も汚染されるようになりました。

私は、絶望的な気持ちです。こうした問題に心を悩ませるのは精神衛生上よくないと思っています。

しかし、国語を大事にしない国家が繁栄できるはずはありません。日本が衰退してきたのは、日本人の言語感覚が麻痺して、奇妙な言葉が幅をきかすようになったことと、密接な関わりがあります。

うんざりする表現、気持ちの悪い表現

ウエブのブログを見ていると、最後に「いかがでしたでしょうか？」と書いてあるものがあります。なぜこうした文が必要なのでしょう？

「生き様」というのも、あまり気持ちのよい表現ではありません。

「これが重要だ」ということを表現するのに、「これがキモだ」という人がいます。血が滴《したた》る動物の内臓を見せられているようで、いい気持ちはしません。

「言葉が時代につれて変化するのは、自然な現象だ」という意見があるかもしれません。し

かし、問題は、変化そのものではありません。ある種の言葉に嫌悪感を持つかどうかということです。私が危惧《きぐ》するのは、奇妙な言葉の使用法に嫌悪感を持たない言語感覚の麻痺なのです。

ただ、私は全く絶望しているわけではありません。変な言葉が一度は流行《はや》っても、それが廃れるということもあるからです。

例えば、しばらく前に、「ふれあい」という言葉が大流行したことがあります。

これはもう20年くらい前のことになりますが、官庁文書の中に「やまとことば」が異常増殖したのです。その代表選手が「ふれあい」と「やさしさ」でした。

「ふれあい」は、地方公共団体のお役人が大好きで、新しくできる公共施設の名が「ふれあい」だらけになってしまいました。例えば、その当時私が住んでいた町にできた人道橋は、「ふれあい橋」でした。この橋自体は好きだったのですが、橋を通るたびに誰かに触られそうな気がして、気味が悪い思いでした。

ある町では、「ふれあい団地」の中に「ふれあい広場」がありました。その広場では、人々が毎日集まって触り合っているのだろうかと、想像するだけで気色が悪くなりました（コロナ時代には絶対に許されないことです）。

「ふれあいプール」というのもあって、これだと、衛生上の問題も危惧されました。

それどころではありません。「ふれあい小学校」があるという話も聞きました。とても本当とは思えなかったのですが、もし真実なら暴挙です。橋やプールなら、嫌だと思えば近づかなければよいでしょう。しかし、小学校はそうはいきません。成人して「私の母校は、ふれあい小学校です」と自己紹介しなければならない卒業生に、心から同情したいと思っています。

幸いなことに、「ふれあい」は一時的な流行に終わりました。ここ数年は、耳にすることがありません。

気持ちが悪い表現を気持ちが悪いと、多くの人が感じるようになれば、軌道修正が行なわれていくのでしょう。そう信じたいものです。

ただし、奇妙な表現で生き残っているものもあります。その代表が、右に長々と述べた「さらなる」です。それだけではありません。

「やさしい」も生き残っています。「人にやさしい政治」、「地球にやさしく」、「環境にやさしく」など……。意味不明だし、実に軽薄です。

本当に指導力のある政治なら「やさしく」してはいられないと私は思うので、「やさしい政治」とは、すなわち「何もしない政治」であるとしか解釈できません。

本当に「自然にやさしく」したいのなら、人類が消えてなくなるのが一番よいのではないでしょうか？

ＡＩについての真面目な議論で、「人間にやさしいＡＩがよい」と述べた担当閣僚がいました。プロファイリングがもたらす管理社会など、ＡＩの社会的影響はきわめて大きいのですが、これでは何も方向性を示したことになりません。

「やさしい」というのは、本来は大変魅力的な日本語です。それが、現れるべきでないところで使われるから問題なのです。これは、言葉に対する冒瀆《ぼうとく》です。「さわやか」、「いきがい」、「おもいやり」、すべてそうです。こうした言葉を恥ずかしげもなく使う人々を、私は信用しません。

自分の文章が気持ち悪い文章に直されてしまう

このような間違った表現、気持ちの悪い表現、月並みな表現、居丈高な表現は、私が書く文章であれば、もちろん使いません。

厄介なのは、インタビューなどで語ったものが文章化される場合です。

私が話すはずはない「さらなる」や、「人間にやさしい」や、「ストレージ」、「スマホ」などが堂々と登場するのです。

明らかに誤っているのであれば、読者は「これは単なる誤りだ」と認識してくれるでしょう。しかし、「さらなる」などであれば、そうした表現を私が容認していると受け取られてしまいます。

もっと面倒なのは、私が話したことが文章化された場合に、何ともいえぬ臭気が立ち昇るような文章になっている場合です。

「履き違えている」、「であるものの」、「自覚しておくべきだ」、「誠に遺憾ながら」などの表現が並びます。

そうかと思うと、「なんです」とか、「よ」などという表現が連続します。

厄介なことに、口語で話しているときには、私自身が「なんです」や「よ」という表現を使っているので、文章にそのまま使われても、文句はいえません。しかし、「文は人なり」といいますから、こうした文章が公開されると私の人格がそれに沿って評価されてしまうことになるので、なんとか阻止したいと思っているのです。

そこで修正を要請することになりますが、こうしたものを訂正するのは、精神的にも実に疲れる作業です。

しかも相手が書いた文章を修正することになるわけですから、丁重にお願いする必要があります。最初から自分で書いてしまったほうがどんなに楽だろうと思うことが、しばしばあります。

スティーヴン・キングに救われた

以上で、「避けたい表現」について長々と述べました。

しかし、私がいくら「避けてほしい」といったところで、こうした表現は一向に減りません。絶望的な気持ちになっていたところに救いの手を差し伸べてくれたのは、スティーヴン・キングです。

彼の『小説作法』（アーティストハウス、２００１年）は、あまたある「文章読本」の中で、唯一、役に立った文章読本です。役に立っただけではありません。「文章について、このようにきちんと考えている人がいるのだ」と知っただけで、救われた気持ちになりました。

以下に、彼の指摘を紹介しましょう。

・「地獄への道は副詞で舗装されている」

副詞は、臆病《おくびょう》な作家が好んで使います。いいたいことがよく伝わらないのではないか、と恐れるからです。

例えば、「彼はドアをばたんと閉めた」。それまでの文章で「ばたん」と閉めざるをえなくなった状況が説明されていれば、「ばたんと」は余計です。

・「『彼女は夏の日のように美しかった』助けてくれだ」
「常套句、あるいは言い古された比喩の濫用。こういう黴臭《かび》い文句で人の時間を無駄にするものではない。まるで書き手が自分の無知と怠惰を誇っているようだ」とキングはいいます。

・「ダンボは羽がなくても飛べる」
ダンボは、耳を羽のように広げて飛行します。しかし、ダンボは魔法の力で空を飛べるのです。羽の力を借りているのではありません。だから、ダンボに羽があるのは、余計なことです。

羽を持ち出すのは、ダンボが獲得した魔法の力に、著者自身が自信を持てないからです。「ダンボは魔法で空を飛べるようになった」と書いても読者が納得してくれないだろうと思うから、耳を羽に見立てたのです。

文章も同じことで、書いていることに自信がないと、余計なことを付け加えます。その結果、文章に緊張感がなくなるのです。

・「アレグザンダー・ポープを借りるなら」

アレグザンダー・ポープ（1688年-1744年）はイギリスの詩人。数々の名言を残していますが、その1つに、「過ち犯すは人の常。それを許すは神の業」があります。この言葉は、さまざまな場面で応用できます。

キングはつぎのようにいっています。

副詞を使うは人の常、「彼は言った。彼女は言った」と書くは神の業である。

・「脱線は致命傷ともなりかねない」

私は脱線が大好きです。学校の授業や大学の講義でいまでも覚えているのは、教師が脱線したときの話です。自分自身が講義をしたり文章を書いているときも、脱線するときのほうが楽しいと感じることがよくあります。

ところが、キングは、つぎのようにいいます。

基本的なパラグラフの構成は大いに力を発揮する。はじめに主題を提示して、続く文章でそれを補強し、展開する流れは、書き手が頭の中を整理することに繋がり、同時に、文章が横道にそれることを防ぐ。随想の場合、横道は害にならないどころか、むしろ、必要条件だが、特定の主題を掲げて論旨を貫くとなると、脱線は致命傷ともなりかねない。文章は思考の精練である。

本書では、第5章において、この問題を扱いました。

・「これはしたり。こいつ、息をしている」
本書の第2章で「テーマを見つける」ことについて書きました。うまいテーマを見つけたとき、このように叫ぶことがあります。物書きにとっての最高の瞬間です。

・「本を読むには時間がいる。ガラスのおしゃぶりは時間を取りすぎる」
「ガラスのおしゃぶり」とはテレビのことです。テレビを見ていては、読書のための時間をとることはできません。創造的活動を行なうための最低条件は、テレビを見ないことです。

・「自分が読みたいものを書けば間違いない」

確かにそのとおりです。「自分で読みたい」と思うものを書いているときは、書くことがこの上なく楽しい作業になります。もっとも、こういえるのは、キングだからです。普通の物書き（もちろん、私を含む）は、第2章の1で述べたように、「他人が読みたいものを書かなければ」という強迫観念から逃れることができません。

第6章のまとめ

1. 多くの文章読本が問題としているのは、文章の構造を正しくし、理解しやすい文章を書くことです。これは重要なことですが、もっと重要なのは、文章の内容です。とくに、論述の構造と論述の順序です。

2. 文章が読みにくくなる最大の原因は、複文にあります。日本語には、関係代名詞や that などの言葉がないため、複文はできるだけ避けるべきです。そして、短い文を接続詞でつなげましょう。それではあまりに単純な文になってしまうと感じるのであれば、主語と述語を近づける、「　」でくくる、節を名詞化する、などの工夫をすることが考えられます。また、主語と述語が対応していない「ねじれ文」を根絶することが必要です。

3. 例示と比喩は、説得力増強のための重要なテクニックです。これによって複雑な概念を分かりやすく説明することができます。

4. タイトルはきわめて重要です。しかし、ウエブにある記事のタイトルには、辟易《へきえき》するような陳腐なものが溢れています。抽象的な概念や新しい概念には、名前を付けると理解しやすくなります。

5. 「さらなる」や「インバウンド」をはじめとして、誤った言葉や間違った表現がのさばっています。これらをなんとか退治したいと悪戦苦闘しているのですが、絶望的な気持ちになることがあります。国語を大事にしない国家が繁栄できるはずはありません。

第7章　ブレインストーミングをもっと活用しよう

新しいアイディアを生み出す過程で、ブレインストーミングはきわめて有益です。

＊

新型コロナウイルスの感染拡大で、オンラインのブレインストーミングが行なわれるようになりました。これは、新しい可能性を拓《ひら》く可能性があります。

ただし、ブレインストーミングをうまく進めるには、いくつかの注意点があります。

1. アイディア生産のためにブレインストーミングが有用

創造的な仕事でブレインストーミングをもっと活用すべきだ

これまで、日本では、論文作成や書籍の執筆などの創造的作業を共同で進めるという習慣がありませんでした。創造的な仕事を進める際に、ブレインストーミングをもっと活用すべきです。

ブレインストーミングは、適切なメンバーが得られれば、きわめて有用です。

日本で会議というと、すでに根回しが済んでいることを確認するための形式的な会議がほとんどです。また、講演会やセミナーでは、講師の講話をただ受動的に拝聴する場合が多いように思われます。これらは、多くの場合に、時間の無駄以外の何ものでもありません。

メンバーの選択が重要

ブレインストーミングとは、異質な考えのぶつかり合いから新しいものを生み出す場です。これがうまく機能するためには、メンバーの選択が最も重要です。能力の高い創造力のある人が参加してくれれば、大きな効果が得られます。そうした人は、あなたの貴重な資産です。大切にするようにしましょう。

ただし、ブレインストーミングが少数のメンバーの独演会にならぬように、注意しなければなりません。

ブレインストーミングは、最低２人のメンバーでできます。多すぎると、うまく機能しません。５人程度が限度ではないでしょうか。また、フォーマルではない雰囲気の中で議論ができることが重要です。

なお、こちらの都合でブレインストーミングを頼む場合、相手には負担をかけることになるので、注意が必要です。

どう進めるか「準備と記録」

主催者が事前にメモを配布しておくことが必要です。そうしないと、議論が拡散して、散漫になってしまうおそれがあります。このメモの配布は、メールまたは、後で述べるように、グーグルドキュメントのファイル共有で行ないます。

記録は、各自が紙のノートに取るしかないでしょう。それをすぐ写真に撮って残しておきます。ただし、これでは、後から参照するのは困難です。

そこで、テキストファイルの議事録を作る必要があります。ノートに書いた筆記記録を見ながら、できるだけ早い時点に、音声入力でテキストファイルに残しておくことが望まれます。この作業は、会議の直後、遅くとも2、3日のうちに行なうべきでしょう。それを過ぎると、記憶があいまいになってしまい、ノートの記録を見ただけでは議論を再現できなくなります。

ブレインストーミングに何を期待するか

ブレインストーミングに期待するのは、異なる考え方の接触によって、新しいアイディアを生み出すことです。

ただし、他人に依存してはいけません。「ブレインストーミングを行なえば、必ず何か得られるだろう」という他人任せに陥ってはいけません。

アイディア生産は最終的には個人の作業であり、ブレインストーミングは、そのための補助作業だと考えるべきです。細かい点についてたくさんの詳細な意見を得られなくとも、おおまかな方向付けについての意見をもらうだけで、意味があります。

1人で考えているだけでは、方向付けを誤ってしまう場合があるからです。間違った方向では、いくら努力しても意味はありません。第三者の眼で客観的に評価してもらうことは、きわめて重要です。

また、「1人で仕事をしているのではない。見られている」と意識するだけで、励みになることがあります。

第5章の3で述べたように、「誰かに見られている」という環境を作ることは重要です。「高い地位に就くと多くの人の眼に晒《さら》されるため、自然にそれに相応の人間になる」とか、「人に見られていると意識すると、身だしなみや服装に気を遣うようになる」といわれますが、そのとおりです。書籍を執筆する場合も、「作業の過程を誰かに見られている」と意識するだけで励みになることがあります。

ブレインストーミングのもう1つの実務的な機能は、作業にタイムリミットを設定することです。「予定の日までに何らかの成果を出しておかなければならない」という圧力が働きます。ですから、自分自身に義務を課すにはきわめて有効です。そうした区切りがないと、文章を書く作業は、なかなか進捗《しんちょく》しません。

2．オンライン・ブレインストーミング

オンライン・ブレインストーミング

これまで、ブレインストーミングを行なうには1ヶ所に集合する必要がありました。ところが、スケジュールの調整ができず、頻繁にブレインストーミングを行なうことは難しい場合が多かったのです。

しかし、Zoomなどのテレビ会議のシステム、そしてグーグルドキュメントの共有機能とコメント機能を用いると、このプロセスを大いに効率化することができます。集合しなくとも、文書を閲覧したり、意見を述べたり、討論したりすることができるからです。

1つのコメントから出発して、次々にアイディアが成長していくといったことが期待できます。うまくいけば、集合して行なうブレインストーミングより大きな効果が得られる場合

もあります。

グーグルドキュメントの「共有」と「コメント」の機能を用いる

オンライン・ブレインストーミングを行なうために必要なのは、グーグルドキュメント「ファイルの共有」と「コメント」の機能を用いることです。

ファイルの共有には、なかなか踏み切りにくいと考えている人が多いのではないかと思います。「共有したつもりでないファイルまで公開されてしまうのではないか？」といった不安がつきまとうからです。私も、長い間、共有機能を使うことに踏み切れませんでした。あるときこれに踏み切って、安全なシステムであり、かつ使い方によってはきわめて大きな力を発揮することが分かりました。

文書の共有の状況は、一つひとつの文書について確かめられます。心配なら確かめておくとよいでしょう。基本的には安全な仕組みになっていると考えてよいと思います。

コメントの機能も前から知っていたのですが、かえって邪魔であると考える場合が多かったのです。しかし、第４章で述べたように、この機能をうまく活用すれば、きわめて強力なアイディアの製造装置になります。

コメントをもらえるというだけではなく、見てもらっているというだけで仕事がはかどります。

共有の方法としては、つぎの2つのものがあります。

第1は、メールアドレスで共有者を指定する方式。第2は、共有URLを伝える方式です。第2の方法だとURLを知っているすべての人が見ることができてしまうので、第1の方法によって共有者を確認しながら共有するほうがよいと思います。

閲覧、コメント、編集のいずれもできるようにすることも可能です。ただし、混乱する可能性があるので、ファイル作成者だけが編集の権限を持ち、残りの共有者はコメントをつけることにとどめるほうが、秩序が保たれるのではないかと思います。

また、編集者以外の共有者がうっかり誤操作でファイルを削除してしまったりするような事故も防げます。権限が制約されているほうが、共有者としては楽な気分で参加できます。

本書はオンライン・ブレインストーミングで作った

オンライン・ブレインストーミングの例として、私の場合を紹介したいと思います。それは、他ならぬ、本書の執筆です。

私は、本書の「はじめに」に謝辞を述べた方々との定期的なブレインストーミングを数年前から行なっています。

数ヶ月に1度の頻度で集まりを持っていたのですが、新型コロナウイルス感染拡大のため、3月初めからの集まりは中止しました。その代わりに、オンラインのブレインストーミングを行なうこととしたのです。

書籍の原稿はもともとグーグルドキュメントに書いており、それをグループで共有していたので、オンライン・ブレインストーミングへの移行は簡単に行なえました。グーグルドキュメントの「コメント」機能を活用すればよいだけのことです。これによって効率的にブレインストーミングを行なえることが分かりました。

実際に集まるより、オンラインのブレインストーミングのほうが便利な面がいくつもあります。

第1に、集まるために、メンバーの予定を調整する必要がありません。

第2に、会合場所までの移動時間を節約できます。

第3に、時間を合わせなくとも、意見のやりとりを行なうことができます。つまり、シンクロナイゼーションの必要がありません。

このように、空間的にも時間的にも、コーディネイトする必要がほとんどいらなくなる。いわば、時空の制約なしに意見交換ができるのです。

それだけではありません。実際のブレインストーミングでは、メモを完全に取ることができず、重要なポイントを記録できないことがあります。しかし、オンラインの場合には、録音などの記録を残せるので、その問題もありません。また、後から見返して、自分1人で対話を行ないながらアイディアを膨らませていくことも可能です。

共同文書の作成や会議議事録の作成にも使える

オンライン・ブレインストーミングの方法は、アイディア製造だけでなく、複数の関係者が関係する文書を作成する場合にも使えます。実際に集まらずにオンラインで仕事を進めるという方法は、一部の人の間では、だいぶ前から行なわれていました。

ナサニエル・ポッパー『デジタル・ゴールド』(日本経済新聞出版社、2016年)には、ビットコインが2014年2月に危機に陥ったとき、グーグルドキュメントを用いて共同声明の作成をする場面が出てきます(同書404ページ)。

共同声明を作るために集まって草案を書こうとしても、忙しい人ばかりで時間の調整が難しく、しかも地理的にも離れたところにいます。他方で、共同声明の発表は大至急行なわなければなりません。このために、実際に会合を持つのではなく、グーグルドキュメントが使われたのです。日本の会社であれば、こうした場合には、万難を排して緊急会議ということになるでしょう。

こうした緊急の場合だけでなく、通常の社内プロジェクトの報告書や会議議事録の作成が、この方式でできます。会議議事録については、責任者が編集人となって原本を作成し、他の参加メンバーがそれにコメントの形で修正を加えます。

ただし、こうした目的に使う場合には、機密情報の扱いに注意する必要があります。不用意に共有して情報が漏れることに注意しましょう。そうでなくても、共有の設定を適切に行なわないために混乱する場合もあります。

特定のフォルダを共有し、そこにファイルを格納すれば、それらすべてのファイルが（それらのファイルだけが）共有されます。

こうしておけば、フォルダを、共有者全員でリアルタイムで共有することができます。

note による共同作業

グーグルドキュメントでオンラインのブレインストーミングができるのは、ファイルがクラウドに置かれているからです。

クラウドサービスが簡単に利用できるようになり、クラウドを通じての共同作業が可能になっています。場所の制約にとらわれず全世界どこでも情報を共有できます。

グーグルドキュメント以外にも、クラウドに置かれたファイルを共有して共同作業をすることが可能です。その1つとして、note を用いる方法があります。図表を多用している場合には、この方法による共有が便利でしょう。

ただし、note で公開すると、不特定多数の人に見られることになります。

テキストファイルを中心として扱っているのであれば、グーグルドキュメントのほうが、複数の人間の共同作業のためには便利に使えるでしょう。

3. オンラインで書籍を作れないか？

オンライン書籍作成プロジェクト

本章の2で述べたオンライン・ブレインストーミングを発展させて、オンラインで書籍を作成することが考えられます。

編集者が書籍の内容とおおまかな章立てを作成し、これをグーグルドキュメントに書いてグループで共有します。メンバーはこれにコメントの形で意見を付け加えていきます。編集者は、コメントを取捨・選択・変形・編集し、本文に追加し、あるいは本文の構成を変えていきます。

第4章で述べた「アイディア農場」は、これを自分だけで行なう仕組みですが、その仕組みを複数の人間で行なおうというのが、このプロジェクトです。

いくつかの形態

ここでは、編集者の役割が重要です。その人が、全体のリーダーとなります。

本文の編集についてすべてのメンバーが編集権限を持つと混乱してしまうので、編集権限は編集者だけが持ち、他のメンバーはコメントの形で協力するのがよいと思われます。

形態として、いくつかのものが考えられます。

第1は、グループのメンバーを2～5人程度とするもの。お互いによく知り合ったメンバーで構成します。信頼がおけるメンバーであり、誰かが秩序を乱すような問題は生じないグループです。

第2は、このようなプロジェクトの存在を note やツイッターなどで公表し、不特定多数のメンバーで作業を行なうものです。この場合には、ドキュメントの共有はURLを配布することで行ないます。

この場合、コメントが集まるかどうかが問題ですが、私がこれまで note でアンケートを実施した結果では、数日間で100人程度の回答を得ることが可能でした。したがって、テーマの選び方によっては、この形態でも100人程度の協力者を得ることは可能と思われます。

どのような書籍が可能か

『地球の歩き方』という本があります。これは、もともとは、アメリカにあった *Europe on Five dollars a day*（『ヨーロッパ1日5ドルの旅』）を真似たものですが、世界の各地の案内を、特派員や読者からの投稿によって作るという本です。このような本の作成は、右の方法を用いれば、簡単にできることになります。

一般の商業出版には、この方式はなかなか適用しにくいかもしれません。とくに、著作権や印税の配分などは面倒な問題でしょう。しかし、非商業出版であれば、かなりのことが可能でしょう。

例えば会社内のメンバー、あるいは社外のメンバーも入っている研究会などにおいて、報告書を作成する場合には、この方法が有効でしょう。

独立して別々に住むようになっている家族のメンバーが共同して、家族史を書くことも考えられます。

いくつかの問題があるものの、運営の仕方によっては、大きな可能性を持つ方法と考えられます。うまくいけば、本を「半ば自動的に」書いていくことができるわけです。

グーグルドキュメントが、共有やコメントの機能を持っているのは、このような成果を狙ってのことだと考えられます。したがって、右で述べたような使い方は、グーグルドキュメントが最終的に目的とすることを実現しようとするものでもあります。

4．オンライン・ブレインストーミングは在宅勤務にも応用できる

在宅勤務を導入している企業は少ない

2020年、新型コロナウイルスによって、世界中が大混乱に陥りました。

コロナウイルスの感染拡大を防ぐには、人と人との接触を避けることが重要です。ところが、日本の大都市では、多くの人が通勤のために満員電車に乗ることを余儀なくされます。

これを避けるには、在宅勤務が最も有効です。

もちろん、すべての仕事を在宅勤務に切り替えるわけにはいきません。しかし、オフィスワークのかなりの部分は、在宅でできます。

それにもかかわらず、日本で在宅勤務を実施している企業はあまりありません。

私は、3月初めに、noteのウエブサイトで、在宅勤務の現状に関するアンケート調査を行ないました。

その結果を見ると、在宅勤務に切り替えている比率は、31・8％でしかありませんでした。このアンケートに回答している人は、技術的な面だけからいえば、在宅勤務が可能な条件下にある人が大部分と考えられます。それにもかかわらず、実際に在宅勤務ができているのは、3分の1未満なのです。

社会全体の平均は、これよりずっと低くなっています。テレワーク（在宅勤務）の普及度合いについて、厚生労働省がLINEと共同で実施した「新型コロナ対策のための全国調査」アンケート調査があります。それによると、オフィスワーク中心（事務・企画・開発など）の仕事のテレワーク実施率は、4月12～13日時点で全国平均で27％です。緊急事態宣言前に比べ大きく伸びたものの、政府目標である7割には届いていません。都道府県で大きな差があり、東京都では52％ですが、5％未満の県も多く見られました。

在宅勤務ができる条件があるのに、コロナ感染の恐れがある満員電車での通勤を強いるのは、犯罪行為であるとさえいえます。在宅勤務が可能な場合には、強制してもよいとさえ考えられます。

これこそ、「働き方改革」が必要なところではないでしょうか？

どのような仕組みで行なっているか

前記の note アンケートによると、在宅勤務を導入している企業で実際に使われているのは、Microsoft 365 の社内クラウドや、Zoom、グーグル Meet などテレビ会議の仕組みなどです。

自社サーバを持っていない中小零細企業でも、グーグルドキュメントを使えば、簡単に在宅勤務ができます。本章の２で述べた「オンライン・ブレインストーミング」と同じように行なえばよいからです。

では、在宅勤務に切り替えた企業が、実際にどのような仕組みで行なっているのでしょうか。

まず、勤務時間をオフィスの場合と同じように設定し、その時間帯は、必ず連絡がつくようにしておきます。そして、必要なデータなどは、会社のサーバにアクセスして引き出します。さらに、ときどき会議を招集します。

このシステムで重要視されているのは、「上司の管理下にいる」ことの確保のようです。

数年前にテレワークの導入が必要といわれたとき、一番大きな問題だとされたのは、「部下を管理できなくなる」という管理職、中間管理職の声でした。

ここで問題なのは、「管理する」ということの内容です。日本の企業では、「仕事の成果を管理する」という意味ではなく、「上司が何かを命じたときに、即座に対応できる状態にいる」という意味です。

もちろん、それは必要なことでしょう。ただ、これだけでは十分ではありません。以下に述べるように、仕事のやり方を変える必要があります。

克服すべき点（1）：成果主義への転換

会社の仕事をオンラインの在宅勤務に切り替えるのは、新型コロナウイルスのためにやむをえずにすることではありません。本来の目的は、仕事の効率を上げることです。

ただし、そのためには、改革すべき点がいくつかあります。仕事の進め方の基本を変えずに在宅勤務に移行しても、能率が下がるだけのことです。

必要とされる改革の第1は、成果主義への転換です。

昔から、日本の大組織（その代表が官庁）で重要なのは、仕事の成果を挙げることでなく、上司の眼の届くところに「いる」ことでした。

日本の在宅勤務は、これをオンラインで行なおうとしているだけのところが多いのです。

リアルなオフィスでは、上司は部下が「いる」ことを眼で確かめられます（そのため、オフィスは大部屋になり、個室になりません）。

在宅勤務への移行で、「いる」ことの確認が最大の課題となり、それが実現できれば、それでよしとされている場合が多いのではないでしょうか？　もちろん、部下が眼の届くところに「いる」と確認するのは必要です。しかし、それで満足してしまってはなりません。

もしこれを契機として「成果主義」に転換することができるなら、日本企業の生産性を向上させることに大きく寄与するでしょう。

克服すべき点（2）：「会議文化」から脱却する

在宅勤務に移行すると、オンライン会議が頻繁に開かれ、必要のない人の出席を求めていることが多いようです。しかし、先に「ビットコイン共同声明」で述べたように、グーグルドキュメントを用いた文書共有とコメントで、合意形成ができます。

オンライン会議をやったり、電話で連絡をとりあったりでは、時間がかかるだけで、どうしようもありません。こうした「会議万能文化」を見直し、オンラインで仕事を進めるような習慣を定着させるべきです。

第7章のまとめ

1．ブレインストーミングは、創造的作業のためにきわめて有用です。ただし、つぎの諸点に注意する必要があります。

（1）メンバーの選択が重要

（2）事前にメモを配布しておくこと。事後にできるだけ早く記録をまとめることが必要

（3）他人任せに陥らないこと

2．最近、オンラインのブレインストーミングが広がりつつあります。グーグルドキュメントの共有機能とコメント機能を用いると、書籍の作成作業をグループで効率的に進めることができます。

3．在宅勤務が広がっていますが、成果主義への転換、会議文化からの脱却など、働き方の改革が伴わないと、実益を挙げることは難しいでしょう。

第8章　「外部脳」を活用して脳を解放する

本書が提案するグーグルドキュメントの多層ファイリングシステムは、書籍の執筆以外にも、生活上のさまざまな情報を管理するために用いることができます。これによって必要な情報を必要なときに即座に引き出すことができるため、それら情報をいちいち覚えている必要がなくなります。そして、脳を本当に創造的な活動だけに用いることができます。

*

1.「頭を整理する」のでなく「外部脳を活用する」

覚えるのは外部脳に任せて「自分の脳を解放」する

よく「頭を整理しよう」といいます。しかし、頭の中を整理するのは難しいことです。そうした努力をするのでなく、「外部脳」を作り、それに援助してもらうべきです。ここで「外部脳」といっているのは、グーグルドキュメントを用いたファイリングシステムです。これまでの各章で使ってきたものです。

このシステムは、書籍を書くのに大変有用ですが、それだけではなく、実にさまざまな用途に用いることができます。

昔（40年前くらいのことですが）、「この問題についての文献は何か？」と聞くと、直ちに適切な文献を教えてくれる人がいました。さまざまな文献を覚えていたのです。多くの人たちがその人の世話になりました。しかし、その人自身は、結局のところ、自分自身の業績を挙げることはできませんでした。文献情報を覚えることに脳を使い、創造的な活動に使える余裕がなくなっていたのです。

文献情報は、どこかに書き出しておけばよかったのです。つまり、「外部脳」を利用すべきでした。いまでは、インターネットという巨大な「外部脳」を使えば、必要な文献など、直ちに探し出すことができます。

自分が覚えていなくてもよいことは、自分で覚えていようとせず、外部脳に任せてしまえばよいのです。そして、脳は本当に必要な仕事、自分だけにしかできない仕事に解放すべきです。

また、「何かしなくてはいけない」、「すべきことを忘れてはいけない」ということで頭がいっぱいになっていると、本当に必要な仕事に集中することができなくなります。脳の容量が取られるというよりは、注意がそちらに向いてしまって、創造活動に専念できないのです。

外部脳に記憶させるべき情報

外部脳に記憶させておいたほうがよい情報は、たくさんあります。個人の日常生活に必要な事項でいえば、外出時の持ち物リストや、要連絡メモ、ＴｏＤｏメモなどがその典型です。その他にもたくさんの情報があるでしょう。これらの情報がうまくコントロールできていないと、余計なことに脳を使うことになります。

あなたは日常「忙しい、忙しい」、「仕事に追いまくられ大変だ」といっていますが、そのかなりの部分は、外部脳に任せることができるものではないでしょうか？

やらなければならないことをＴｏＤｏメモに書き出しておけば、「すべきことを忘れないようにしなくてはならない」という恐怖感から解放されます。それができれば、あなたの脳は解放されることになります。

そして、頭がすっきりし、人生が豊かになります。眠っているあなたの可能性を引き出し、本当に必要なことに時間を使うのです。

そもそも、人類が進歩できたのは、すべてのことを覚えているのではなく、その大部分をメモや記録の形で脳の外に記録していたからでしょう。そのような仕組みが、情報処理システムの進歩に伴ってますます効率化しています。われわれは、いま、かなりのことを忘れてもいいようになりました。

どのような仕組みで外部脳を作るかが問題

忘れてよくなった半面で、記録の重要性は増しました。

例えば、人の顔と名前は、一致させる必要があります。あるいは、常用薬のリストです。これをメモしておく薬手帳というものがあるのですが、紙の薬手帳を常時持ち歩くことはできません。しかし、何かの機会に、常用薬が何かを答える必要が生じるかもしれません。ですから、薬手帳よりは簡単な方法で、必要なときにすぐに情報を引き出せる仕組みを作っておく必要があります。これらを「覚えておく」のが外部脳です。

外部脳は、一度入力した情報を決して忘れることがありません。ただ、適切な仕組みを作らないと、古いものを引き出すことがだんだん難しくなってきます。何を入力したかさえ、忘れてしまいます。人間は昔のことは忘れてしまうのですが、それと同じことです。

人間と違うのは、うまい仕組みを作っておけば、情報をうまく引き出せることです。重要なのは、その仕組みをどのようにして作るかです。それがうまくできると、外部脳は、ある面では、人間の脳よりも強力なものとなります。

外部脳に創造的活動はできない

外部脳にできないのは、創造的な活動です。人間は情報を単に覚えているだけではなく、さまざまな情報をつなぎ合わせて、新しいアイディアを創造することができます。最先端のAI（人工知能）は、同じことを徐々にできるようになっています。

しかし、残念ながら、本書が提案する外部脳には、それはできません。これが人間の脳よりも劣っているところです。

ただし、外部脳は、この面でもアシスタントにはなります。これが本書でこれまで述べてきたことです。

仕事の取り掛かりを作る役目を果たしてくれること、思いついたアイディアを逃さずに保存してくれること、望むときにそれを引き出してくれること、さまざまなアイディアを関連付けて新しいアイディアを生み出す手助けをしてくれること、などです。

2. 同時並行的な仕事の処理のための3層システム

仕事を複数層のグーグルドキュメントファイルで管理

多くの人は、１つの仕事だけを単純に繰り返すのでなく、複数の仕事を同時並行的に進めています。

これについて、多層ファイリングシステムで処理することができます。

本書の第5章で、１つの書籍を、2層あるいは3層構造のグーグルドキュメントファイルで管理することを述べました。これは、「目次ページ」を作り、そこから内容のページにリンクするという方式です。

他の仕事も同様に、案件ごとに「目次ページ」に相当するファイルを作り、そこから下位ファイルにリンクを張っておくのです。

私自身の例でいいましょう。私はいまウエブ連載を行なっています。個々の連載につき「目次ページ」があり、そこから各回の原稿にリンクしています。

また、すべての連載についての進行状況を管理するページを作り、日程管理をしています。このような外部脳の助けがなければ、混乱してしまって、とてもうまく進められません。あるいは、締め切り日を忘れてしまったりします。外部脳の仕組みを作ることによって、初めてうまく運営できるようになるのです。

外部脳を作り、それを活用できるようになれば、どんな仕事であっても、仕事の能率は飛躍的に改善します。そして、生活が豊かなものになります。

すべてのファイルを収納する

どのような多層ファイリングのシステムを作るか、とりわけ、どのような項目を立てるかは、その人の仕事の内容によって違います。したがって、一般的な規則といったものはありません。

とりあえず始めてみるのがよいと思います。別の項目システムのほうがよいと思えば、別のものを作ることができます。その場合、元のシステムとの併用も可能です。多層ファイリングシステムでは、あるファイルにたどり着くルートが複数あっても、一向に構わないのです。

このシステムには、すべてのファイルを収納します。

まずは、原稿です。それだけでなく、紙に書いたメモもあります。これをいちいちテキスト化するのは面倒なので、スマートフォンで撮影し、それをグーグルフォトに格納します。参照する頻度が高いものには、タイトルを付けて検索しやすいようにします。

数年に1回必要になること、仕事のやり方の手順ですぐに忘れてしまうこと、これらもメモしておく必要があります。

さらに、さまざまな生活関連のファイルがあります。行き当たりばったりでなく、システム化することが必要です。それができれば、あなたの強力な味方になります。

グーグルドキュメントにこのシステムを作れば、ファイルの数が１０００を超えても即座にアクセスできます。これで仕事や生活上のストレスがなくなります。

ウエブサイトへのリンクのシステムを作ることもできます。これは非常に便利なので、「昔はＰＣにブックマークを作るなんて馬鹿なことをやっていたもんだ」と思うようになるでしょう。

いまの方法に問題はないか？

仕事や生活上のさまざまな情報を処理するための現在のあなたのシステムには、つぎのような問題があるのではないでしょうか？　これは第４章で述べたことですが、再述すれば、つぎのとおりです。

・メモを取ろうと思ったが、手元にメモ帳がない。
・紙に書いたけれども紛失してしまった。

・しばらく前に書いたメモは判読できないことがある。

その結果、あなたはつぎのような問題に陥っているのではないでしょうか？たくさんの情報を持っている。しかし、それらを活用できないでいる。忘れていたメモがたくさんある。

例えば、会議のメモ、打ち合わせのメモ、取引先相手に関するメモなど。確かにメモを取ったのですが、そのメモは行方不明です。

また、契約書や取り扱い説明書などは、大事にしまいこんでいるために、すぐに見いだせなくなります。捜すのに要する時間は無駄なものです。

外部脳のシステムは、これらの問題を解決します。そして、それらを活用できるシステムを作ることができます。

紙のメモは写真を撮ります。そして、ここで述べているシステムに取り込みます。そうすれば、後から簡単に捜し出すことができるでしょう。この方法は、5年前は無理でしたが、いまはできるようになっています。

「こうした新しいシステムをいまさら作るのは面倒」という人がいるかもしれません。そうした方々に、つぎのようにアドバイスしたいと思います。

徐々にでも一部分ずつでもできます。後から組み替えもできます。２週間もあれば、いま持っているデータを整理できるでしょう。目的ファイルへのルートが複数あっても構いません。試行錯誤でできます。

ここでも、とにかく始めることが重要です。

３．「使うと便利」になるが「使わないと錆びる」

いつも使っていれば「好循環」で使えるようになる

本章の１で、「人間は忘れる動物なので、外部脳を作って補助してもらうことが必要。そして、脳を創造的な学習に解放すべきだ」と述べました。

すでに述べたように、ＴｏＤｏメモはとりわけ重要な役割を果たします。処理すべき案件をここに書き込んでおくのです。こうしておけば、さまざまな用事をいちいち覚えたり、思い出そうとしたりする負担から脳を解放することができます。

ところが、これまでＴｏＤｏメモとしていろいろな方法を試みたにもかかわらず、なかなかうまく使えませんでした。

しかし、グーグルドキュメントのシステムにＴｏＤｏメモを加え、これを頻繁に使っていたところ、ＴｏＤｏメモはほぼ常時、先頭近くに表示されるようになるので、すぐに見いだせるようになりました。

すぐに見いだせるので、簡単に書き込めるようになります。音声入力を使えば、実に簡単です。簡単に書き込めるので、つねに更新され、そして先頭近くにきて見いだしやすい、ということになります。つまり、「好循環」が起きるのです。

「超」メモ帳に押し出しファイリングの手法

グーグルドキュメントのファイル一覧ページでの並べ方を、「編集順」にしておけば、頻繁に編集しているファイルは、つねに先頭近くに表示されることになります。

したがって、リンクを張ったり、検索語を設定するなどの特別の操作をしなくても、ファイル一覧ページで、すぐに見いだすことができます。

つまり、ＭＴＦ（move to front：使ったものを先頭に置く）の原則に従ったファイル配置が可能になるわけで、「超」整理法の「押し出しファイリング」と同じようなことが実現されます。

グーグルドキュメントの一覧ページでの並べ方を、「閲覧順」にすることもできるのですが、この設定にしておくと、あまり重要でないものが先頭にきてしまう可能性があるので、ＭＴＦにはなりません。

「好循環」のためには、「箱」は変えないで「中身」を変える

ＴｏＤｏメモで右記のような「好循環」が起きるのは、「ＴｏＤｏメモ」という「箱」は変えないで、中身を書き換えているからです。

もし、「＊＊月：：日のＴｏＤｏメモ」ということにして、毎日「ＴｏＤｏメモ」を作るとすると、古いＴｏＤｏメモは、その中に、まだ処理していないために参照が必要なものがあるにもかかわらず、見つけにくくなってしまいます。

このように、頻繁に使うものについては、箱を作っておいてそれは固定し、その中身を変えていくようにしたほうがよいのです。

同じような方法で管理できるものとして、つぎのものがあります。

(1) 書かなければならないが、面倒なので、なかなか書く気になれないメール

これは、「メール下書き」という「箱」を作っておいて、この箱は固定します。そこに下書きを入れ、処理したら消去します。こうすれば、頻繁に更新されることになる

ので、ファイル一覧の上部にきます。なお、メールの下書きは、音声入力を利用して口述筆記します。そうすれば、きわめて簡単に書けます。

（2）日記

日記は、毎日別のファイルに書いていくと、古いものはタイムラインの下のほうに沈んでしまって、見いだしにくくなります。そこで、一定期間1つのファイルに書くことにします。すると、頻繁に更新されるので、ファイル一覧の上部に表示されるでしょう。

なお、あまりに長期にわたって1つのファイルに記録していくと、そのファイルが長くなりすぎて使いにくくなります。そこで、一定期間ごとに別のファイルにしますが、そうすると、古いファイルはタイムラインの下のほうに沈んでしまいます。そこで、メタインデックス（第1章の4参照）からリンクを張っておきます。あるいは、「2020年日記」というようなキーワードを書き込んでおいて、それを頼りに検索します。

（3）体重、血圧などの記録

これも、日記と同じで、一定期間の数値を1つのファイルに記録すれば、ほぼ毎日更新しているので、ファイル一覧の上部に表示されるでしょう。

アイディア農場も、ある意味での箱固定

同じことは、アイディアメモについてもいえます。

仮に、日にちごとに「＊＊月：：日のアイディア」という別のファイルにしてしまうと、古いファイルはタイムラインの下のほうに行ってしまって、見いだしにくくなってしまいます。紙のメモでは、どうしてもこのようなことになってしまいます。

しかし、グーグルドキュメントのシステムはデジタルのメモ帳であるため、「箱固定」方式をとることによって、この問題を解決できるのです。

これまでの章で提案した仕組みは、そのようなものになっています。

第４章で述べた「アイディア農場」は、「アイディア農場」というファイル（あるいは、その下にある項目別のファイル）を「固定した箱」として、その中身を頻繁に書き換えるようにしています。したがって、頻繁に使っていれば、ファイル一覧の上部にきているので、使いやすくなるのです。

第５章では、「全体の体系を組み立てておけば、後から思いついたアイディアはそこに書き込める」と述べました。この場合も、アイディアを書き込むファイルは「固定した箱」に

なっているので、中身を頻繁に書き換えれば、ファイル一覧の上のほうにくるため、利用しやすくなるのです。

クリエイティング・バイ・ドゥーイング

このように、アイディアについても、仕事を続けていれば、仕事をやりやすくなります。機械は、使い続けていれば錆《さ》びませんが、使わないで放置しておくと錆びてしまいます。第2章で述べた「クリエイティング・バイ・ドゥーイング」は、この意味においても正しいのです。

使わないと錆びる。使っていれば、効率的なシステムを維持できます。

これは、何度でも繰り返して注意する必要があることです。

『「超」整理法』における押し出しファイリングも、使わないと錆びます。多層ファイリングシステムも「使わないと錆びる」のです。

第8章のまとめ

1．グーグルドキュメントのファイリングシステムは、本を書くためだけではなく、さまざまな用途のための「外部脳」として機能します。

2．同時並行的な仕事の処理のためには、仕事を複数層のグーグルドキュメントファイルで管理することが効率的です。

3．このシステムは、いつも使っていれば「好循環」が起きて、使いやすくなります。逆に、使わないで放置しておくと錆びてしまいます。「クリエイティング・バイ・ドゥーイング」は、この意味においても正しいのです。

索引

野口悠紀雄（のぐち・ゆきお）
1940年東京生まれ。63年東京大学工学部卒業、64年大蔵省入省、72年エール大学Ph.D.（経済学博士号）を取得。一橋大学教授、東京大学教授、スタンフォード大学客員教授、早稲田大学大学院ファイナンス研究科教授などを経て、2017年9月より早稲田大学ビジネス・ファイナンス研究センター顧問。一橋大学名誉教授。専攻はファイナンス理論、日本経済論。著書に『情報の経済理論』（東洋経済新報社、日経・経済図書文化賞）、『財政危機の構造』（東洋経済新報社、サントリー学芸賞）、『バブルの経済学』（日本経済新聞社、吉野作造賞）、『「超」整理法』（中公新書）、『ブロックチェーン革命』（日本経済新聞出版社、大川出版賞）、『「超」独学法』（角川新書）など多数。ツイッターアカウント：@yukionoguchi10

書《か》くことについて

野口悠紀雄《のぐちゆきお》

2020 年 11 月 10 日　初版発行
2024 年 10 月 30 日　3 版発行

◆◇◇

発行者　山下直久
発　行　株式会社KADOKAWA
〒102-8177　東京都千代田区富士見 2-13-3
電話　0570-002-301（ナビダイヤル）

装 丁 者　緒方修一（ラーフイン・ワークショップ）
ロゴデザイン　good design company
オビデザイン　Zapp!　白金正之
印 刷 所　株式会社KADOKAWA
製 本 所　株式会社KADOKAWA

角川新書

ISBN978-4-04-082392-8 C0230